Theorie und Praxis der Investitionsrechnung

ISBN-13: 978-3-7693-1957-6

Theorie und Praxis der Investitionsrechnung

Übungs- und Klausuraufgaben zu statischen und dynamischen Verfahren sowie zur Finanzmathematik mit ausführlichen Lösungen zur Prüfungsvorbereitung

2. Auflage

von

Dr. Christian Tallau

Professor für Finanzwirtschaft
an der Fachhochschule Münster

Bibliografische Informationen der Deutschen Nationalbibliothek

Die Deutsche Nationalbibliothek verzeichnet diese Publikation in der Deutschen National-
bibliografie; detaillierte bibliografische Daten sind im Internet über <http://dnb.ddb.de>
abrufbar.

ISBN-13: 978-3-7693-1957-6

Verlag: BoD · Books on Demand GmbH, In de Tarpen 42, 22848 Norderstedt, bod@bod.de
Druck: Libri Plureos GmbH, Friedensallee 273, 22763 Hamburg

Vorwort

Das vorliegende Übungsbuch ist das Ergebnis vieler Jahre Erfahrungen mit Einführungs-veranstaltungen zur Investitionsrechnung an Fachhochschulen und Universitäten. Das Buch hat zwei wesentliche Ziele: Es behandelt zum einen anschaulich die theoretischen Grundlagen der Investitionsrechnung, so dass die Leser die wesentlichen Modelle verstehen und kritisch hinterfragen können. Zum anderen soll es die konkrete Anwendung der Verfahren auf praktische Fragestellungen im Unternehmensalltag veranschaulichen – ein Aspekt, der in vielen eher theoretisch fokussierten Lehrbüchern oftmals zu kurz kommt.

Inhaltlich werden zunächst die statischen Verfahren behandelt (Aufgaben 1 und 2). Zur Vorbereitung auf die dynamischen Verfahren erfolgt darauf die Analyse grundlegender Fragestellungen zur Finanzmathematik (Aufgaben 3–19). Nach einem Exkurs zum Fisher-Modell (Aufgabe 20) schließen sich sodann Übungen zu den dynamischen Verfahren an (Aufgaben 21–30). Die Zielgruppe des Buchs liegt auf Studenten, die ihren ersten Kontakt zu Fragen der Investitionsrechnung haben. Die theoretische Analyse von Entscheidungs-situationen erfolgt daher ausschließlich unter Sicherheit. Im Rahmen der Finanzmathematik werden zudem lediglich Grundlagen der Zins- und Rentenrechnung behandelt.

Viele haben zu diesem Buch ihren Beitrag geleistet. Die inhaltliche Konzeption war Gegenstand von Vorlesungen und Übungen meiner Veranstaltung „Investition und Finanzierung" an der Fachhochschule Münster. Durch ihre kritischen Fragen haben mich die Studenten zu vielen Aufgaben und Erklärungsansätzen inspiriert. Für die tatkräftige Unterstützung bei der Erstellung des Buchs habe ich meinen Mitarbeitern zu danken. Frau Julia M. Schmid hat maßgeblich an der Vorbereitung der Lösungsskizzen mitgewirkt; Herr Oliver Beckmann hat sich die Mühe gemacht, das Manuskript kritisch durchzuarbeiten. Verbliebene Fehler gehen zu meinen Lasten und können gerne an tallau@fh-muenster.de mitgeteilt werden.

Christian Tallau

Inhaltsverzeichnis

Verzeichnis wichtiger Symbole und Abkürzungen xi

A Übungsaufgaben 1

Aufgabe 1 Statische Verfahren I (MLight GmbH) 1

Aufgabe 2 Statische Verfahren II (Großreparatur) 2

Aufgabe 3 Finanzmathematik I 3

Aufgabe 4 Finanzmathematik II 4

Aufgabe 5 Finanzmathematik III 4

Aufgabe 6 Finanzmathematik IV 4

Aufgabe 7 Finanzmathematik V 4

Aufgabe 8 Finanzmathematik VI 5

Aufgabe 9 Rentenrechnung I 5

Aufgabe 10 Rentenrechnung II 5

Aufgabe 11 Rentenrechnung III 6

Aufgabe 12 Rentenrechnung IV 6

Aufgabe 13 Immobilienbewertung I 6

Aufgabe 14 Stiftungsvermögen 7

Aufgabe 15 Immobilienverkauf 7

Aufgabe 16 Darlehen I 7

Aufgabe 17 Darlehen II 8

Aufgabe 18 Immobilienbewertung II 8

Aufgabe 19 Kapitalisierung von Zahlungen 8

Aufgabe 20 Fisher-Modell.   9

Aufgabe 21 Kapitalwertmethode (MünsterMetall) 11

Aufgabe 22 Dynamische Verfahren I 12

Aufgabe 23 Dynamische Verfahren II 13

Aufgabe 24 Dynamische Verfahren III. 14

Aufgabe 25 Wiederanlageprämissen 15

Aufgabe 26 Unternehmensbewertung. 16

Aufgabe 27 Unternehmensanleihe 17

Aufgabe 28 Vollständiger Finanzplan 18

Aufgabe 29 Optimale Nutzungsdauer 19

Aufgabe 30 Investitionsprogrammentscheidungen. 19

B   Lösungsskizzen 21

Aufgabe 1 Statische Verfahren I (MLight GmbH) 21

Aufgabe 2 Statische Verfahren II (Großreparatur) 31

Aufgabe 3 Finanzmathematik I. 33

Aufgabe 4 Finanzmathematik II. 34

Aufgabe 5 Finanzmathematik III 35

Aufgabe 6 Finanzmathematik IV 36

Aufgabe 7 Finanzmathematik V 37

Aufgabe 8 Finanzmathematik VI 37

Aufgabe 9 Rentenrechnung I. 39

Aufgabe 10 Rentenrechnung II 40

Aufgabe 11 Rentenrechnung III 41

Aufgabe 12 Rentenrechnung IV 42

Aufgabe 13 Immobilienbewertung I. 43

Aufgabe 14 Stiftungsvermögen 44

Aufgabe 15 Immobilienverkauf 45

Aufgabe 16 Darlehen I 46

Aufgabe 17 Darlehen II 48

Aufgabe 18 Immobilienbewertung II 48

Aufgabe 19 Kapitalisierung von Zahlungen 50

Aufgabe 20 Fisher-Modell 51

Aufgabe 21 Kapitalwertmethode (MünsterMetall) 57

Aufgabe 22 Dynamische Verfahren I 59

Aufgabe 23 Dynamische Verfahren II 68

Aufgabe 24 Dynamische Verfahren III 70

Aufgabe 25 Wiederanlageprämissen 76

Aufgabe 26 Unternehmensbewertung 84

Aufgabe 27 Unternehmensanleihe 87

Aufgabe 28 Vollständiger Finanzplan 89

Aufgabe 29 Optimale Nutzungsdauer 92

Aufgabe 30 Investitionsprogrammentscheidungen 93

C Probeklausuren mit Lösungen 99

Probeklausur 1 (30 Punkte) 99

Probeklausur 2 (30 Punkte) 104

D Formelsammlung 109

Literaturverzeichnis 111

Verzeichnis wichtiger Symbole und Abkürzungen

A_0 Anschaffungsauszahlung
A_t Auszahlungen einer Periode t
ANN Annuität
AfA Abschreibungen
BW Barwert
C_t Konsum im Zeitpunkt t
DgK Durchschnittlich gebundenes Kapital
E_t Einzahlungen einer Periode t
g Wachstumsrate
G Gewinn
i Zinssatz
K Gesamtkosten
KA Wert der Kuponanleihe
K_0 Anfangskapital
K_{fix} fixe Kosten
K_n Endkapital
k_{var} variable Kosten
KW_0 Kapitalwert
n Laufzeit
NW Nominalwert
p Preis
q^{-t} Abzinsungsfaktor
R_0 Rentenbarwert
R_n Rentenendwert
r Rentenrate
T Laufzeit
U Nutzen
W_t Vermögen im Zeitpunkt t
x Menge
Z Zinszahlung

Kapitel A

Übungsaufgaben

Aufgabe 1   Statische Verfahren I (MLight GmbH)

Die Geschäftsführung der MLight GmbH (ein Hersteller hochwertiger LED-Leuchten für den Außenbereich) möchte die Aufnahme einer neuen Gartenleuchte in das Produktsortiment analysieren. Die Entwicklung des neuen Produkts ist bereits abgeschlossen (die Entwicklungskosten betrugen ca. 150.000 EUR) und es liegen zwei Angebote von Maschinenbauern für Produktionsanlagen zur eigenen Herstellung der Leuchten im deutschen Werk der MLight GmbH vor.

Das Controlling hat in Tabelle A.1 die relevanten Angaben für die beiden Produktionsanlagen (Objekt A und Objekt B) zusammengestellt.

	Objekt A	Objekt B
Kaufpreis Anlage (EUR)	1.000.000	2.000.000
Transport- und Errichtungskosten (EUR)	10.000	25.000
Nutzungsdauer (Jahre)	8	8
Liquidationserlös (EUR)	20.000	50.000
Max. Leistungsmenge (Einheiten/Jahr)	25.000	30.000
Löhne einschl. Sozialabgaben (EUR/Jahr)	350.000	250.000
Gehälter einschl. Sozialabgaben (EUR/Jahr)	50.000	50.000
Materialkosten (EUR/Jahr)	500.000	650.000
Wartungskosten fix (EUR/Jahr)	50.000	50.000
Kalkulationszinssatz (p. a.)	10 %	10 %

Tabelle A.1. *Daten der Investitionsalternativen*

Die Angaben zu den variablen Kosten beziehen sich auf die maximale Leistungsmenge. Der durchschnittliche Verkaufspreis einer Lampe an den Großhandel wird mit 47 EUR zzgl. der gesetzlichen Mehrwertsteuer angenommen.

a) *Bestimmen Sie, soweit möglich, die absolute und relative Vorteilhaftigkeit der Investitionsobjekte mittels der Kostenvergleichsrechnung! Gehen Sie dazu davon aus,
   dass insgesamt 25.000 Lampen hergestellt werden sollen. Erscheint Ihnen die Erstellung einer Kostenvergleichsrechnung in diesem Fall sinnvoll?*

b) *Bestimmen Sie die absolute und relative Vorteilhaftigkeit der Investitionsobjekte
   mittels der Gewinnvergleichsrechnung! Gehen Sie dazu davon aus, dass die angegebene maximale Leistungsmenge des jeweiligen Objekts produziert und tatsächlich
   verkauft werden kann.*

c) *Bestimmen Sie die absolute und relative Vorteilhaftigkeit der Investitionsobjekte
   mittels der Rentabilitätsvergleichsrechnung! Gehen Sie dazu wieder davon aus, dass
   die angegebene maximale Leistungsmenge auch tatsächlich verkauft werden kann.
   Vergleichen Sie die Vorteilhaftigkeitsentscheidungen der Rentabilitätsvergleichsrechnung mit denen der Gewinnvergleichsrechnung (Teilaufgabe b) und erläutern Sie
   evtl. Unterschiede. Wovon hängt es ab, welche Methode die richtige Vorteilhaftigkeitsentscheidung liefert?*

d) *Bestimmen Sie, soweit möglich, die absolute und relative Vorteilhaftigkeit der Investitionsobjekte mittels der Amortisationsrechnung! Gehen Sie dazu wieder davon
   aus, dass die angegebene maximale Leistungsmenge auch tatsächlich verkauft werden kann.*

e) *Führen Sie eine Break-Even-Analyse durch! Skizzieren Sie die Gewinnfunktion in
   Abhängigkeit von der Absatzmenge und interpretieren Sie diese! Welche zusätzlichen
   Hinweise liefert Ihnen diese Analyse bzgl. der Vorteilhaftigkeitsentscheidung?*

f) *Die Geschäftsleitung möchte die Auswirkungen einer möglichen Preissenkung durch
   den Wettbewerb analysieren. Bis zu welchem Punkt kann der Verkaufspreis fallen,
   ohne dass durch die Objekte ein Verlust realisiert wird?*

Aufgabe 2   Statische Verfahren II (Großreparatur)

Ein Gaskraftwerksbetreiber steht vor der Entscheidung, wie er eine in die Jahre gekom-
mene Gasturbine sanieren soll. Das Kraftwerk soll allerdings in zehn Jahren stillgelegt
werden, so dass der Vorstand auch in Erwägung zieht, auf die Sanierung zu verzichten.
Sollte die Turbinbe nicht saniert werden, so werden nach Auskunft des Leiters der In-
standhaltung mehrere einzelne Reparaturen in den nächsten Jahren notwendig sein. Er
kalkuliert mit jährlichen durchschnittlichen Kosten in Höhe von 300.000 EUR, die sich
in etwa gleichmäßig über die Restnutzungsdauer verteilen.

Für die Sanierung stehen nach Anfrage mehrerer Anlagenbauer zwei Alternativen zur
Auswahl, die in die engere Wahl kommen:

(A) Eine umfassende Sanierung zum Preis von 1.700.000 EUR. Das Angebot umfasst zudem einen Wartungsvertrag, bei dem für einen Preis von monatlich 2.000 EUR sämtliche späteren Reparaturen vom Anlagenbauer durchgeführt werden und somit die Störungsfreiheit der Anlage über die Restnutzungsdauer garantiert wird. Der Anlagenbauer weist in seinem Angebot darauf hin, dass bei dieser Generalüberholung eine steuerliche Sonderabschreibung möglich ist, bei der die Sanierungskosten über fünf Jahre abschrieben werden dürfen.

(B) Alternativ ist eine technisch einfachere Sanierung für einen Preis von 1.200.000 EUR möglich. Für diesen Fall werden allerdings später weitere Reparaturen erwartet, deren Kosten voraussichtlich durchschnittlich 100.000 EUR pro Jahr betragen.

Der Kraftwerksbetreiber rechnet mit einem Kalkulationszinssatz von 8 %.

a) *Bestimmen Sie die absolute und relative Vorteilhaftigkeit der beiden zur Wahl stehenden Sanierungsalternativen mittels der Kostenvergleichsrechnung!*

b) *Wie ändern sich die Zahlen der Aufgabe a), wenn der Kraftwerksbetreiber mit einem Kalkulationszinssatz von 12 % rechnen würde? Bei welchem Kalkulationszinssatz gibt es rechnerisch keinen Unterschied zwischen den Kosten der beiden Sanierungsalternativen?*

c) *Es besteht das Risiko, dass das Kraftwerk aufgrund behördlicher Auflagen bereits früher stillgelegt werden muss. Welche Auswirkungen können sich daraus für die Investitionsentscheidung ergeben?*

d) *Ergibt sich eine Auswirkung auf die Investitionsentscheidung, wenn die Reparaturkosten bei Unterlassen der Sanierung eher zum Ende der Restnutzungsdauer anfallen (die gesamte Höhe der Kosten bleibt unverändert)?*

Aufgabe 3   Finanzmathematik I

Auf Basis einer historischen Analyse der letzten 50 Jahre für globale Aktien, Anleihen sowie Gold rechnet ein Anleger für die Zukunft mit folgenden durchschnittlichen jährlichen Renditen:

Anlageobjekt	Rendite (p. a.)
Aktien	8,6 %
Anleihen	4,4 %
Gold	0,7 %

Tabelle A.2. *Historische Renditen verschiedener Anlageklassen*

Wie hoch ist der erwartete Endwert einer Anlage von 1.000 EUR nach 5, 10, 20 sowie 40 Jahren Anlagedauer in der jeweiligen Vermögensklasse?

Aufgabe 4   Finanzmathematik II

Sie möchten für Ihr Patenkind Kapital anlegen, so dass Sie in zehn Jahren (zu seinem 16. Geburtstag) einen Betrag von 1.000 EUR auszahlen können.

a) *Welchen Betrag müssen Sie bei einem Zinssatz von 2 % p. a. heute dafür anlegen?*

b) *Ihnen stehen heute nur 500 EUR für die Geldanlage zur Verfügung. Welchen zusätzlichen Betrag müssten Sie im nächsten Jahr noch anlegen, damit Sie die 1.000 EUR in zehn Jahren erhalten?*

Aufgabe 5   Finanzmathematik III

Ein Kapital von 10.000 EUR wird fünf Jahre lang angelegt. Für das erste Jahr werden 3 %, für das zweite, dritte und vierte Jahr jeweils 3,5 % und für das fünfte Jahr 4 % Zinsen p. a. berechnet.

a) *Welcher Endwert ergibt sich am Ende des fünften Jahres?*

b) *Zu welchem gleich bleibenden jährlichen Zinssatz wäre der gleiche Endwert erreicht worden?*

Aufgabe 6   Finanzmathematik IV

a) *Ein Kapital ist nach zehn Jahren bei einem jährlichen Zinssatz von 6 % auf 31.876,96 EUR angewachsen. Wie hoch war das Startkapital?*

b) *Sie haben vor drei Jahren 1.000 EUR in Aktien investiert. Der heutige Wert Ihres Portfolios beträgt 2.100 EUR. Welche jährliche Rendite haben Sie durchschnittlich realisiert?*

Aufgabe 7   Finanzmathematik V

Berechnen Sie die Laufzeit eines Kapitals von 20.000 EUR, das bei einer jährlichen Verzinsung von 5 % auf 32.577,89 EUR angewachsen ist!

Aufgabe 8   Finanzmathematik VI

Ein Großvater eröffnet ein Sparbuch für seinen Enkel mit einem anfänglichen Guthaben von 2.000 EUR. Nach zwei Jahren zahlt er weitere 2.000 EUR ein und nach weiteren drei Jahren 4.000 EUR. Der Zinssatz beträgt 2 % p. a.

   a) *Welcher Betrag steht dem Enkel zwei Jahre nach der letzten Einzahlung zur Verfügung?*

   b) *Im Jahr 3 hebt der Enkel bereits 500 EUR von dem Sparbuch ab. Wie hoch ist in diesem Fall das Guthaben zwei Jahre nach der letzten Einzahlung?*

Aufgabe 9   Rentenrechnung I

Sie haben einen Betrag von 40.000 EUR geerbt und spielen mit dem Gedanken, sich eine „Auszeit" von vier Jahren zu gönnen. Sie haben die Möglichkeit, das Geld für einen Zinssatz von 2 % p. a. anzulegen.

   a) *Welchen identischen Betrag können Sie sich am Ende jedes Jahres entnehmen, damit das Kapital genau vier Jahre ausreicht?*

   b) *Über welches Guthaben verfügen Sie jeweils am Jahresende?*

   c) *Wie ändern sich die Zahlen, wenn das Zinsniveau 4 % p. a. beträgt?*

Aufgabe 10   Rentenrechnung II

Sie haben in einem Gewinnspiel gewonnen und können sich aussuchen:

 • A1: 150.000 EUR Sofortauszahlung,

 • A2: 10.000 EUR jährliche Zahlung über 20 Jahre (jeweils am Jahresende).

   a) *Welches Angebot ist vorteilhafter, wenn der Zinssatz 4 % p. a. beträgt?*

   b) *Bei welcher jährlichen Zahlung sind beide Angebote finanzmathematisch identisch?*

Aufgabe 11   Rentenrechnung III

Betrachtet wird eine Zahlungsreihe, bei der über sieben Jahre jeweils am Jahresende eine Zahlung von 800 EUR erfolgt. Der Zinssatz beträgt 2 % p. a.

a) *Berechnen Sie den Barwert der Zahlungsreihe!*

b) *Wie ändert sich der in Teilaufgabe a) berechnete Barwert, wenn es sich um eine vorschüssige Rente handelt?*

c) *Wie ändert sich der in Teilaufgabe a) berechnete Barwert, wenn mit der Rentenzahlung zwei Jahre später begonnen wird (weiterhin sollen sieben jährliche Rentenraten gezahlt werden)?*

Aufgabe 12   Rentenrechnung IV

Sie erwägen die Anschaffung einer neuen Uhr zu einem Preis von 2.900 EUR. Der Juwelier bietet Ihnen eine Ratenzahlung an, bei der Sie über die nächsten fünf Jahre jeweils am Jahresende eine Jahresrate von 680 EUR zu zahlen hätten.

a) *Ist diese Finanzierung vorteilhaft, wenn der Zinssatz 6 % p. a. beträgt?*

b) *Nehmen Sie nun an, dass der Juwelier auf einer Anzahlung in Höhe von 500 EUR besteht. Bis zu welcher jährlichen Rate über 5 Jahre wäre eine Finanzierung aus Ihrer Sicht vorteilhaft? (Gehen Sie weiterhin von 6 % p. a. Zinssatz aus.)*

Aufgabe 13   Immobilienbewertung I

Sie besitzen ein Wiesengrundstück, das Sie langfristig an einen Verein verpachtet haben. Die aktuelle Pacht beträgt 2.000 EUR jährlich. Das aktuelle Zinsniveau beträgt 5 % p. a.

a) *Welchen Wert hat das Grundstück, wenn davon auszugehen ist, dass die Pacht unendlich lange (jeweils am Jahresende) gezahlt wird?*

b) *Welchen Wert hat das Grundstück, wenn davon auszugehen ist, dass die Pacht unendlich lange gezahlt wird und inflationsbedingt jährlich um durchschnittlich 2,5 % steigt?*

c) *Nehmen Sie nun an, Sie hätten die Pacht in Höhe von 2.000 EUR über 10 Jahre vertraglich festgeschrieben und erst danach wäre eine jährliche Steigerung um 2,5 % möglich. Welchen Wert können Sie nun für das Grundstück annehmen?*

Aufgabe 14   Stiftungsvermögen

Ein reicher Gönner hat den Stiftungsfonds zum Betrieb eines Kunstmuseums mit einem Stiftungsvermögen in Höhe von 12.000.000 EUR ausgestattet.

a) *Der Fondsmanager rechnet mit einer Rendite von 5,5 % p. a. auf das angelegte Stiftungsvermögen. Welcher Betrag lässt sich damit jährlich dauerhaft entnehmen, ohne dass das Stiftungsvermögen abnimmt?*

b) *Die tatsächlichen jährlichen Ausgaben der Stiftung liegen bei 750.000 EUR. Welche jährliche Rendite muss der Fondsmanager erzielen, um aus der Anlage des Stiftungsvermögens dauerhaft diese Ausgaben decken zu können?*

Aufgabe 15   Immobilienverkauf

Sie verkaufen ein Haus und erhalten folgende Angebote:

(i.) 500.000 EUR sofortige Zahlung,

(ii.) 600.000 EUR nach Ablauf von fünf Jahren,

(iii.) 90.000 EUR sofortige Zahlung und jeweils 90.000 EUR in den nächsten fünf Jahren (jeweils am Jahresende),

(iv.) 260.000 EUR nach einem Jahr und 270.000 EUR nach drei Jahren.

a) *Welches Angebot ist bei einem Zinssatz von 4 % p. a. für Sie am vorteilhaftesten?*

b) *Wie hoch müsste die Zahlung bei Angebot (iv.) im dritten Jahre ausfallen, damit die Angebote (iii.) und (iv.) finanzmathematisch äquivalent sind?*

Aufgabe 16   Darlehen I

Betrachtet wird ein Darlehen in Höhe von 100.000 EUR, das eine Laufzeit von vier Jahren hat. Der vereinbarte Zinssatz beträgt 5 % p. a.

a) *Durch welche identische Zahlung (Zins und Tilgung), die jeweils am Jahresende erfolgt, kann das Darlehen über die Laufzeit vollständig bedient werden?*

b) *Wie hoch sind am Ende jedes Jahres die gezahlten Zinsen, die Tilgung sowie die Restschuld?*

c) *Wie ändern sich die Zahlen der Teilaufgabe b), wenn das Darlehen durch identische Tilgungsraten bedient werden soll?*

Aufgabe 17   Darlehen II

Ein Schuldner hat für ein Darlehen mit einem Zinssatz von 6,5 % p. a. folgende Zahlungs-verpflichtungen:

- 5.000 EUR sind nach drei Jahren zu zahlen,
- 6.000 EUR sind nach vier Jahren zu zahlen und
- 7.000 EUR sind nach fünf Jahren zu zahlen.

a) Durch welche sofortige Zahlung kann der Schuldner (finanzmathematisch gesehen) sein gesamtes Darlehen zurückzahlen?

b) Der Schuldner möchte sein Darlehen durch zwei identische Beträge nach zwei und nach vier Jahren zurückzahlen. Wie hoch müssten diese Beträge sein?

Aufgabe 18   Immobilienbewertung II

Sie betrachten in der Tageszeitung eine Immobilienanzeige, in der ein vermietetes Haus für einen Preis von 1.100.000 EUR zum Kauf angeboten wird. Der Makler gibt die jährliche Gesamtmiete mit 49.000 EUR an, wovon 10.000 EUR Nebenkosten sind. Nach einem Gespräch mit dem Makler ist von jährlichen Betriebs- und Instandhaltungskosten in Höhe von 7.000 EUR auszugehen, die nicht in den Nebenkosten enthalten sind und auch nicht auf die Mieter umgelegt werden können. Sie können davon ausgehen, dass die Immobilie eine Restnutzungsdauer von 40 Jahren aufweist.

a) Ist der Kaufpreis finanzmathematisch gerechtfertigt, wenn am Kapitalmarkt ein Zinsniveau von 2 % bzw. 4 % p. a. herrscht?

b) Welche Gründe kann es geben, dass der tatsächliche Marktpreis der Immobilie vom finanzmathematisch berechneten Wert abweicht?

c) Welche jährlichen Mieteinnahmen müssten Sie realisieren, damit der Kauf bei einem Zinsniveau von 2 % finanzmathematisch gesehen vorteilhaft ist?

Aufgabe 19   Kapitalisierung von Zahlungen

Ein Anlagenbauer befindet sich in finalen Verhandlungen über den Verkauf einer Druck-maschine. Der Kaufpreis wurde in früheren Gesprächen mit 10.000.000 EUR bei sofortiger Kaufpreiszahlung festgelegt. Nun möchte der Käufer doch lieber in Raten zahlen. Er ist dafür auch bereit, einen höheren Kaufpreis von 11.000.000 EUR zu akzeptieren, den er in zwei gleichen Raten (5.500.000 EUR) – nach Ablauf von einem Jahr sowie nach Ablauf von zwei Jahren – zahlen möchte. Das Zinsniveau liegt bei 7 % p. a.

a) *Mit welchem Betrag könnte der Anlagenbauer die Raten heute kapitalisieren? Ist das Angebot gegenüber der sofortigen Zahlung vorteilhaft? Begründen Sie!*

b) *Was bedeutet im Kontext dieser Aufgabe „kapitalisieren"? Zeigen Sie dazu ausführlich (mit allen Zahlungskonsequenzen) eine Strategie, mit welcher der Anlagenbauer tatsächlich über den in Teilaufgabe a) berechneten Betrag im Zeitpunkt $t = 0$ verfügen kann!*

c) *Der Vertriebsleiter des Anlagenbauers bringt einen weiteren Zahlungsplan ins Spiel. Dazu soll der Käufer eine Anzahlung im Zeitpunkt $t = 0$ in Höhe von 2.000.000 EUR leisten sowie eine weitere Rate nach einem Jahr in Höhe von 5.000.000 EUR. Die Schlussrate soll nach zwei Jahren gezahlt werden. Wie hoch muss diese ausfallen, damit dieser Zahlungsplan finanzmathematisch mit der ursprünglichen Kaufpreisvorstellung von 10.000.000 EUR bei Barzahlung äquivalent ist?*

Aufgabe 20   Fisher-Modell

Ein Anleger steht vor der Entscheidung über die Verwendung eines im heutigen Zeitpunkt ($t = 0$) vorhandenen Barvermögens in Höhe von 80 TEUR. Es besteht die Möglichkeit, den Betrag vollständig bzw. in Teilbeträgen im Zeitpunkt $t = 0$ zu konsumieren oder für eine Periode (bis zum Zeitpunkt $t = 1$) anzulegen. Aus Sicht des Anlegers soll die Verwendung so erfolgen, dass sein Nutzen aus dem sofortigem Konsum C_0 und dem zukünftigen Vermögen W_1 maximiert wird. Für die Anlage des heutigen Vermögens stehen Realinvestitionen zur Verfügung, deren Renditen mit zunehmendem Investitionsvolumen sinken. Die in Abbildung A.1 dargestellte Transformationskurve verdeutlicht alle möglichen Kombinationen von Investitionssumme in $t = 0$ und Rückzahlung im Zeitpunkt $t = 1$.

a) *Welche Investitions- und Konsumentscheidungen entsprechen dem Punkt P_2 sowie dem Schnittpunkt der Transformationskurve mit der Abszisse?*

b) *Sind Investitions- und Konsumkombinationen unter- bzw. oberhalb der Transformationskurve realisierbar? Begründen Sie!*

c) *Wie hoch ist der optimale Konsum C_0 bei Gültigkeit der angegebenen Indifferenzkurven? Wie hoch sind in diesem Fall die Investitionen in $t = 0$ sowie die daraus in $t = 1$ resultierenden Rückflüsse?*

d) *Nehmen Sie nun an, dass der Anleger auch die Möglichkeit von Finanztransaktionen auf dem vollkommenen Kapitalmarkt berücksichtigt (Geldaufnahme bzw. -anlage zu einem einheitlichen Zinssatz von 10 %). Zeichnen Sie die relevante Kurve ein und erläutern Sie deren Verlauf!*

e) *Wie hoch sind unter Einbezug des Kapitalmarkts der optimale Konsum C_0 sowie das Vermögen W_1? Geben Sie auch an, in welcher Höhe der Anleger im Zeitpunkt*

$t = 0$ *Realinvestitionen realisiert bzw. zusätzlich Kapitalmarkttransaktionen tätigt und welche Zahlungskonsequenzen damit im Zeitpunkt $t = 1$ verbunden sind!*

f) *Wie würde sich die Investitionsentscheidung verändern, wenn der Zinssatz größer als 10 % wäre?*

g) *Wie würden sich die Investitions- und Konsumentscheidungen verändern, wenn die Indifferenzkurven steiler verlaufen würden?*

h) *Fassen Sie die zentrale Erkenntnis des Fisher-Modells zusammen und erläutern Sie, was daraus in der Praxis für Investitionsentscheidungen folgt!*

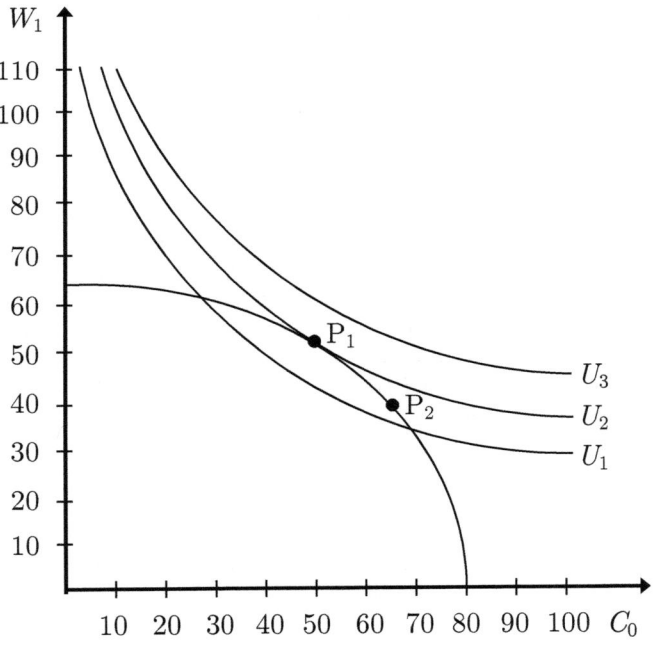

Abbildung A.1. *Transformationskurve und Indifferenzkurven*

Aufgabe 21   Kapitalwertmethode (MünsterMetall)

Die MünsterMetall GmbH ist ein metallverarbeitender Betrieb. Seit einiger Zeit hat das Unternehmen mit Qualitätsproblemen zu kämpfen. Der technische Leiter der Produktion schlägt die Einführung einer neuen Generation von CNC-Anlagen vor, um die Produktion zu verbessern. Insbesondere sollen dadurch weniger manuelle Nachbearbeitungen erforderlich sein; auch die Reklamationsquote soll deutlich sinken. Da die aktuelle Produktionsanlage noch nicht völlig abgeschrieben ist, hat die Geschäftsführung Bedenken, ob die Anschaffung eines neuen Maschinenparks betriebswirtschaftlich sinnvoll ist. Das Controlling wird mit der Durchführung einer Investitionsrechnung beauftragt und erhält dazu folgende Informationen:

Kosten der neuen Produktionsanlage

- Kaufpreis: 20 Mio. EUR; Nutzungsdauer 8 Jahre; Liquidationserlös 2 Mio. EUR.
- Kosten für Training der Mitarbeiter sowie Produktionsausfall durch Umbau der Produktion: je 1,5 Mio. EUR in den ersten beiden Jahren.
- Jährliche Kosten für Wartung gemäß Wartungsvertrag: 600.000 EUR.
- Die alte Produktionsanlage hat einen Restbuchwert von 700.000 EUR. Es wird geschätzt, dass sich die Anlage zu einem Preis von 1 Mio. EUR verkaufen lässt, wobei mit einem Verkauf im ersten Jahr zu rechnen ist.

Nutzen der neuen Produktionsanlage

- Kosteneinsparungen (weniger Nachbearbeitungen, weniger Reklamationen): jährlich 4 Mio. EUR.
- Durch die platzsparende neue Anlage wird eine Produktionshalle frei. Die ortsübliche Miete für die Fläche beträgt monatlich 20.000 EUR.
- Die Kosten für die Wartung der alten Anlage entfallen. Es besteht ein Wartungsvertrag über jährlich 400.000 EUR, der jederzeit gekündigt werden kann.

Der Kalkulationszinssatz beträgt 12 %; alle Zahlungen entstehen am Jahresende.

a) *Berechnen Sie den Kapitalwert der Investition und beurteilen Sie auf dieser Basis die Vorteilhaftigkeit des Investitionsobjekts!*

b) *Diskutieren Sie, inwieweit sich die Geschäftsführung bei der Investitionsentscheidung ausschließlich auf das Kapitalwertkriterium beziehen sollte!*

c) *Führen Sie eine Sensitivitätsanalyse bzgl. der angenommenen Kosteneinsparungen von 4 Mio. EUR durch! Wie hoch müssten die jährlichen Einsparungen mindestens ausfallen, damit die Investition nach dem Kapitalwertkriterium vorteilhaft ist?*

Aufgabe 22   Dynamische Verfahren I

Gegeben sind drei Investitionsobjekte mit folgenden Zahlungsreihen (in TEUR):

	0	1	2	3	4	...	$t \to \infty$
IO1	−100	75	54				
IO2	−100	25	33,5	40,5	46		
IO3	−100	13	13	13	13	...	13

Tabelle A.3. *Zahlungsreihen der Investitionsobjekte*

Gehen Sie davon aus, es existiere ein vollkommener Kapitalmarkt, auf dem zu einem Zinssatz von 10 % beliebige Kapitalanlagen und -aufnahmen getätigt werden können.

a) *Berechnen Sie die Kapitalwerte der Investitionsobjekte und bestimmen Sie auf dieser Basis deren absolute und relative Vorteilhaftigkeit!*

b) *Der Kapitalwert einer Investition lässt sich ökonomisch als Vermögensmehrung des Investors im Zeitpunkt t = 0 interpretieren, die dieser durch geeignete Transaktionen am Kapitalmarkt bereits zum Zeitpunkt t = 0 entnehmen könnte. Zeigen Sie diese mögliche Entnahme des Kapitalwerts für das Investitionsobjekt IO1 mit einem geeigneten Finanzplan! (Hinweis: Finanzieren Sie die Investition über eine Kreditaufnahme; nutzen Sie für Ihre Berechnungen die Struktur der vorgegebenen Tabelle A.4.)*

c) *Welche identische jährliche Entnahme könnte der Investor für jedes der Investitionsobjekte über dessen jeweilige Laufzeit realisieren?*

d) *Warum ist eine Beurteilung der relativen Vorteilhaftigkeit mittels der in Aufgabenteil c) berechneten Entnahmen nicht sinnvoll? Welches alternative Vorgehen schlagen Sie vor?*

e) *Zeigen Sie anhand eines geeigneten Finanzplans für IO1, wie der Investor den in Teilaufgabe c) berechneten Überschuss tatsächlich entnehmen könnte! (Hinweis: Nutzen Sie für Ihre Berechnungen wieder die Struktur der vorgegebenen Tabelle.)*

f) *Bestimmen Sie die internen Zinssätze der Investitionsobjekte und beurteilen Sie auf dieser Basis die absolute und relative Vorteilhaftigkeit der Objekte!*

g) *Zeigen Sie für IO1 anhand eines geeigneten Finanzplans, dass der interne Zinssatz der Verzinsung des gebundenen Kapitals entspricht! (Hinweis: Nutzen Sie für Ihre Berechnungen wieder die Struktur der vorgegebenen Tabelle.)*

h) *Vergleichen Sie die Ergebnisse der Kapitalwertmethode (Aufgabenteil a) bzgl. absoluter und relativer Vorteilhaftigkeit der Investitionsobjekte mit den Ergebnissen für den internen Zinssatz (Aufgabenteil f). Erläutern Sie mögliche Abweichungen! Wovon hängt es ab, welche Methode die „richtige" Vorteilhaftigkeitsentscheidung liefert?*

i) *Skizzieren Sie den Verlauf des Kapitalwerts in Abhängigkeit vom Kalkulationszinssatz („Kapitalwertfunktion") für die drei Investitionsobjekte!*

Hinweis: Der Finanzplan für die Teilaufgaben b), e) und g) sollte wie folgt gegliedert werden:

	0	1	2
Nettozahlung	-100	75	54
Restschuld			
Zinsen			
Tilgung			
Zahlung Kredit			
Entnahme			

Tabelle A.4. *Struktur des Finanzplans*

Aufgabe 23   Dynamische Verfahren II

Gegeben sind folgende Informationen für ein Investitionsobjekt:

Anschaffungsauszahlung	6.000 TEUR
Jährliche Umsatzerlöse (= Einzahlungen)	3.000 TEUR
Jährliche variable Umsatzkosten (= Auszahlungen)	1.000 TEUR
Nutzungsdauer	4 Jahre
Kalkulationszinssatz	3 % p. a.

Tabelle A.5. *Daten zum Investitionsobjekt*

a) *Berechnen Sie den Kapitalwert des Investitionsobjekts und beurteilen Sie auf dieser Basis die Vorteilhaftigkeit der Investition!*

b) *Liegt der interne Zinssatz des Investitionsobjekts unter oder über dem Kalkulationszinssatz von 3%? Begründen Sie Ihre Antwort auf Basis Ihres Ergebnisses aus der vorherigen Teilaufgabe (eine Berechnung ist nicht erforderlich).*

c) *Berechnen Sie die Annuität des Investitionsobjekts! Wie lässt sich diese Größe ökonomisch interpretieren?*

d) *Bis auf welchen Betrag dürfen die Umsatzerlöse im letzten Jahr der Nutzungsdauer fallen, damit das Investitionsobjekt auf Basis der Kapitalwertmethode nicht unvorteilhaft wird?*

Aufgabe 24   Dynamische Verfahren III

Betrachten Sie zwei sich gegenseitig ausschließende Investitionsobjekte mit folgenden Zahlungsströmen:

	0	1	2	3
IO1	−600.000	300.000	300.000	150.000
IO2	−1.000.000	100.000	550.000	600.000

Tabelle A.6. *Zahlungsreihen der Investitionsobjekte 1 und 2*

Gehen Sie davon aus, es existiere ein vollkommener Kapitalmarkt, auf dem zu einem Zinssatz von 5 % p. a. beliebige Kapitalanlagen und -aufnahmen getätigt werden können.

a) *Bestimmen Sie die Kapitalwerte der Investitionsobjekte und treffen Sie eine Aussage über deren absolute und relative Vorteilhaftigkeit!*

b) *Wie kann die Größe „Kapitalwert" ökonomisch interpretiert werden?*

c) *Bestimmen Sie die Vorteilhaftigkeit anhand der Annuität und interpretieren Sie die ermittelte Größe ökonomisch!*

d) *Welchen Betrag könnte ein Investor zum Zeitpunkt $t = 3$ aus den Investitionsobjekten jeweils entnehmen (Endwert der Investition)?*

e) *Kapitalwert, Annuität sowie der in Teilaufgabe d) berechnete Endwert stellen unterschiedliche Varianten dar, wie der Investor die Überschüsse aus einem Investitionsprojekt entnehmen kann. Diskutieren und begründen Sie, ob es für die Investitionsentscheidung relevant ist, für welche Art der Entnahme sich der Investor entscheidet!*

f) *Bestimmen Sie den internen Zinssatz der Alternativen unter Nutzung eines Tabellenkalkulationsprogramms! Welches Objekt ist nach diesem Kriterium relativ vorteilhaft?*

g) *Skizzieren Sie den Verlauf des Kapitalwerts in Abhängigkeit vom Kalkulationszinssatz („Kapitalwertfunktion") für die beiden Investitionsobjekte und erklären Sie mögliche Abweichungen der Vorteilhaftigkeitsentscheidung zwischen Kapitalwert- und Interner-Zinssatz-Methode!*

h) *Berechnen Sie für beide Investitionsobjekte die durchschnittlich realisierte Rendite bei Durchführung der Investition! Unterstellen Sie dazu eine Wiederanlage frei werdender Mittel zum Kalkulationszinssatz sowie zum internen Zinssatz des jeweiligen Objekts und interpretieren Sie die Ergebnisse!*

i) *Welche Rolle spielt die anfängliche Kapitaleinsatzdifferenz für die Investitionsentscheidung? Wie kann diese im Rahmen der Berechnung der realisierten Rendite berücksichtigt werden?*

Aufgabe 25   Wiederanlageprämissen

Gegeben sind folgende Zahlungsreihen zweier Investitionsobjekte A und B:

	0	1	2
Objekt A	−100	10	105
Objekt B	−100	100	10

Tabelle A.7. *Zahlungsreihen der Investitionsobjekte A und B*

Gehen Sie davon aus, es existiere ein vollkommener Kapitalmarkt, auf dem zu einem Zinssatz von 5 % p. a. beliebige Kapitalanlagen und -aufnahmen getätigt werden können.

a) *Untersuchen Sie die absolute und relative Vorteilhaftigkeit der Investitionsobjekte auf Basis des Kapitalwertkriteriums!*

b) *Berechnen Sie die internen Zinssätze der beiden Investitionsobjekte!*

c) *Vergleichen Sie die Vorteilhaftigkeitsentscheidungen nach dem Kriterium des internen Zinssatzes mit der des Kapitalwerts und erläutern Sie, warum die Ergebnisse bezüglich der Vorteilhaftigkeit voneinander abweichen!*

d) *Zeigen Sie, dass die Methode des internen Zinssatzes bei Gültigkeit der entsprechenden Wiederanlageprämisse zur richtigen Investitionsentscheidung führt! (Hinweis: Berechnen Sie das Endvermögen des Investors für jedes Objekt zum Zeitpunkt t = 2 unter der geltenden Wiederanlageprämisse).*

e) *Untersuchen Sie nun die Wiederanlageprämisse der Kapitalwertmethode und zeigen Sie analog zu Teilaufgabe d), dass bei deren Gültigkeit die Kapitalwertmethode zur richtigen Investitionsentscheidung führt! Nehmen Sie kritisch Stellung zu den Wiederanlageprämissen der beiden Verfahren (Kapitalwertmethode und interner Zinssatz).*

f) *Es stehen nun weitere Investitionsmöglichkeiten in t = 1 gemäß Tabelle A.8 zur Verfügung, die (ausschließlich) in Kombination mit Objekt B genutzt werden können, um die Kapitaleinsatzdifferenz zu Objekt A auszugleichen:*

	1	2
Objekt C	−80	83
Objekt D	−70	80

Tabelle A.8. *Zahlungsreihen der Investitionsobjekte C und D*

Nutzen Sie die weiteren Investitionsmöglichkeiten in geeigneter Form, um die Vorteilhaftigkeit unter Einbezug des Konzepts der Differenzinvestition zu ermitteln. Unterstellen Sie für darüber hinausgehende mögliche Kapitaleinsatzdifferenzen eine Anlage zum Kalkulationszinssatz.

g) *Setzen Sie sich kritisch mit dem in Aufgabe f) verwendeten Konzept der Differenzinvestition auseinander!*

Aufgabe 26   Unternehmensbewertung

Sie spielen mit dem Gedanken, ein Start-up zu gründen. Ihre Geschäftsidee besteht in der Entwicklung einer App, mit welcher Nutzer sich über Biersorten austauschen und diese bewerten können. Durch einen Bekannten haben Sie bereits einen ersten Prototypen entwickeln lassen, wofür 5.000 EUR Kosten angefallen sind. Sie stehen nun vor der Entscheidung, die App professionell entwickeln zu lassen. Es liegt Ihnen dazu ein Angebot in Höhe von 200.000 EUR vor.

Umsätze erhalten Sie aus dem einmaligen Verkauf der App. Sie planen, den Preis der App für die ersten beiden Jahre der Einführung auf 2 EUR festzulegen, in den darauf folgenden Jahren soll der Preis nach erfolgreicher Marktdurchdringung auf 6 EUR steigen. Ihr Planungshorizont beträgt fünf Jahre, danach erwarten Sie eine vollständige Marktsättigung. Ihre erwarteten Verkäufe für die kommenden fünf Jahre stellen sich wie folgt dar:

Jahr	1	2	3	4	5
Verkäufe	20.000	40.000	80.000	30.000	10.000
Preis (in EUR)	2,0	2,0	6,0	6,0	6,0

Tabelle A.9. *Erwartete Verkaufszahlen und Preise für die kommenden fünf Jahre*

Neben den initialen Auszahlungen für die Entwicklung der App planen Sie in $t = 0$ mit weiteren Auszahlungen für Marketing-Aktivitäten in Höhe von 100.000 EUR. In den Jahren 1–5 gehen Sie von zahlungswirksamen Kosten für den Betrieb der App und weiteren Marketing-Aktivitäten in Höhe von jährlich 40.000 EUR aus. Sie rechnen mit einem Kalkulationszinssatz von 15 % für dieses Projekt.

a) *Bestimmen Sie den Kapitalwert des Projekts und beurteilen Sie dessen Vorteilhaftigkeit!*

b) *Ein Investor interessiert sich für Ihr Start-up. Er hält Ihre Business-Planung für realistisch, glaubt aber, dass durch höhere Marketing-Aktivitäten noch mehr Kunden zu gewinnen sind. Konkret schlägt er vor, 100.000 EUR zusätzlich per $t = 0$ in Marketing zu investieren. Er geht davon aus, dass dadurch in den ersten beiden Jahren jeweils 40.000 Kunden zusätzlich gewonnen werden können. Der Investor bietet Ihnen an, die dazu notwendigen 100.000 EUR zur Verfügung zu stellen – er verlangt im Gegenzug einen Anteil an Ihrem Unternehmen von 22,5 %. Wie beurteilen Sie:*

   (1) *die Investition in zusätzliches Marketing und*

   (2) *das Angebot des Investors?*

c) *Wie würde sich Ihre Beurteilung verändern, wenn der Investor aus Teilaufgabe b) einen Anteil von 25 % fordert?*

Aufgabe 27   Unternehmensanleihe

Betrachtet wird eine (risikolose) Unternehmensanleihe („Corporate Bond"), die wie folgt ausgestattet ist:

- Nominalwert: 100 Mio. EUR,
- Restlaufzeit: 3 Jahre,
- Tilgung: endfällig,
- Jährlicher Zinskupon in Höhe von 3 %.

a) *Berechnen Sie den aktuellen Marktwert sowie den Kurs der Anleihe, wenn das Marktzinsniveau bei 2 % p. a. liegt!*

b) *Welcher interne Zinssatz ergibt sich, wenn die Anleihe zu dem in Teilaufgabe a) berechneten Wert erworben wird?*

c) *Diskutieren Sie, ob ein Investor mit dem Kauf der Anleihe tatsächlich in jedem Fall eine Rendite in Höhe des berechneten internen Zinssatzes realisieren kann!*

d) *Diskutieren Sie den allgemeinen Zusammenhang zwischen Kurs einer Anleihe, dem Zinsniveau am Kapitalmarkt sowie der Laufzeit der Anleihe. Warum wird eine (risikolose) Anleihe mit einem Zinskupon, der über dem Marktzinsniveau liegt, mit einem Kurs von über 100 % notieren?*

e) *Nehmen Sie an, ein Investor habe die Anleihe zu dem in Teilaufgabe a) berechneten Wert gekauft. Genau ein Jahr später sei das Marktzinsniveau auf 4 % p. a. gestiegen. Wie hoch ist der neue Marktwert der Anleihe nach der Zinserhöhung?*

f) *Welche durchschnittliche Rendite wird der Investor aus Teilaufgabe e) über die gesamte Laufzeit realisieren, wenn er die Kuponzahlungen am Kapitalmarkt zum Marktzinsniveau von 4 % p. a. investiert?*

g) *Angesichts der Zinserhöhung in Teilaufgabe e) überlegt der Investor, die Anleihe zu verkaufen, um von dem nun höheren Zinsniveau am Kapitalmarkt zu profitieren. Stellt sich der Investor mit dem Verkauf besser als mit dem Halten der Anleihe bis zur Fälligkeit? (Hinweis: Welche durchschnittliche Rendite wird er über die gesamte Laufzeit realisieren, wenn er den Verkaufserlös der Anleihe sowie den Zinskupon des ersten Jahres am Kapitalmarkt zum Marktzinsniveau von 4 % p. a. investiert?)*

Aufgabe 28   Vollständiger Finanzplan

Ein Projektentwickler plant den Bau eines Wohngebäudes. Einige Wohnungen in dem Gebäude sollen unmittelbar nach Fertigstellung verkauft werden. Die restlichen Wohnungen werden zunächst vermietet und sollen nach Ablauf von fünf Jahren ebenfalls veräußert werden. Der Projektentwickler kalkuliert mit folgenden Größen:

Herstellungskosten des Gebäudes (Jahr 0)	20 Mio. EUR
Verkaufspreis der Wohnungen im Jahr 1	6 Mio. EUR
Erwartete Mieteinnahmen p. a. (Jahr 1 bis 5)	650 TEUR
Kosten für den Betrieb des Gebäudes p. a. (nicht auf die Miete umlegbar)	100 TEUR
Erwarteter Verkaufspreis der restlichen Wohnungen im Jahr 5	15 Mio. EUR

Tabelle A.10. *Planung des Projektentwicklers*

Weitere Annahmen:

- Alle Zahlungen fallen jeweils am Ende der Periode an.

- Die Finanzierung erfolgt zu 30 % mit Eigenkapital.

- Die Hausbank bietet ein endfälliges Hypothekendarlehen mit einer Laufzeit von fünf Jahren zu 3 % p. a. Sollzinssatz an. Zwischenzeitlich anfallende Überschüsse können zu einem Habenzinssatz in Höhe von 1 % p. a. angelegt werden.

- Die Mindestrendite des Projektentwicklers auf das eingesetzte Eigenkapital beträgt 7 % p. a.

a) *Unterstellen Sie, dass die restliche Finanzierung durch ein endfälliges Darlehen (mit Fälligkeit im Jahr 5) erfolgt. Beurteilen Sie die Vorteilhaftigkeit der Investition aus Sicht des Projektentwicklers! Berechnen Sie dazu das Endvermögen des Investors bei Durchführung der Investition sowie die realisierte Rendite!*

b) *Der Projektentwickler verhandelt mit der Hausbank ein Sondertilgungsrecht, so dass er jährlich bis zu 5 Mio. EUR auch vor Fälligkeit tilgen kann. Welche Auswirkungen ergeben sich auf die Vorteilhaftigkeit?*

Aufgabe 29   Optimale Nutzungsdauer

Betrachtet wird ein Kraftstoffhändler, der für seine Lieferungen Tankwagen einsetzt. Die technische Nutzungsdauer der Fahrzeuge beträgt zehn Jahre. Der Händler möchte nun prüfen, ob es auch betriebswirtschaftlich sinnvoll ist, die Fahrzeuge bis zum Ende der technischen Nutzungsdauer zu betreiben. Im Laufe der Zeit steigen nämlich die Kosten für Revision und Reparaturen. Die erhöhten Standzeiten für Reparaturen führen zudem zu Verdienstausfällen und damit zu sinkenden Umsatzerlösen. Alternativ könnten die Tankwagen vor Ende der technischen Nutzungsdauer verkauft werden, wobei der geschätzte Liquidationserlös im Zeitablauf abnimmt. Die Nettozahlungen aus dem Kauf und Betrieb eines Tankwagens sowie die Entwicklung des Liquidationserlöses sind wie folgt gegeben:

Jahr n	Nettozahlung	Liquidationserlös
0	−80.000	
1	20.000	54.000
2	19.000	48.000
3	18.000	42.000
4	17.000	36.000
5	16.000	30.000
6	15.000	24.000
7	14.000	18.000
8	13.000	12.000
9	12.000	6.000
10	11.000	0

Tabelle A.11. *Nettozahlungen und Liquidationserlöse*

Berechnen Sie die optimale Nutzungsdauer der Tankwagen mittels des Kapitalwertkriteriums! Unterstellen Sie einen Kalkulationszins in Höhe von 12 % p. a.!

Aufgabe 30   Investitionsprogrammentscheidungen

Betrachtet wird ein Unternehmer, der Zugang zu drei beliebig teil- und kombinierbaren Investitionsobjekten hat. Die Cashflows der Objekte sind wie folgt gegeben:

Investitionsobjekt	Auszahlung $t = 0$	Einzahlung $t = 1$
IO1	−3.000	2.360
IO2	−1.600	1.744
IO3	−6.400	7.232

Tabelle A.12. *Zur Verfügung stehende Investitionsobjekte*

Zur Finanzierung der Investitionsobjekte stehen drei ebenfalls beliebig teil- und kombinierbare Finanzierungsobjekte FO1 bis FO3 zur Verfügung:

Finanzierungsobjekt	Höchstbetrag	Effektivzinssatz
FO1	4.000	5,0 %
FO2	20.000	14.0 %
FO3	5.500	7,0%

Tabelle A.13. *Zur Verfügung stehende Finanzierungsobjekte*

a) *Stellen Sie tabellarisch und grafisch die Kapitalnachfrage- und Kapitalangebotskurve nach dem Dean-Modell auf! Bestimmen Sie das optimale Investitions- und Finanzierungsprogramm!*

b) *Wie lautet der zugehörige endogene Kalkulationszinsfuß? Diskutieren Sie seine Bedeutung!*

c) *Diskutieren Sie die Praxisrelevanz des Dean-Modells!*

Kapitel B

Lösungsskizzen

Aufgabe 1 Statische Verfahren I (MLight GmbH)

a) Bei der **Kostenvergleichsrechnung** werden die **durchschnittlichen periodischen Kosten** der Investitionsobjekte verglichen, wobei als Periode typischerweise ein ganzes Jahr betrachtet wird. Es gelten folgende Entscheidungsregeln:

- Ein Investitionsobjekt ist **absolut vorteilhaft**, falls seine Kosten geringer als die der Unterlassensalternative sind.

- Ein Investitionsobjekt ist **relativ vorteilhaft**, falls seine Kosten geringer als die eines jeden anderen zur Wahl stehenden Objekts sind.

Eine Beurteilung der **absoluten Vorteilhaftigkeit** anhand eines Kostenvergleichs ist nur dann sinnvoll, wenn mit der Durchführung des zu beurteilenden Investitionsobjekts **keine (zusätzlichen) Erlöse** verbunden sind. Dies trifft etwa für Ersatz- und Rationalisierungsinvestitionen zu, bei denen nach der Investition die identische Leistung hergestellt werden soll. In diesen Fällen erscheint der Kostenvergleich mit der Unterlassensalternative schlüssig, wobei zu beachten ist, dass die Unterlassensalternative hier im Regelfall ebenfalls mit Kosten verbunden ist (Kosten für den Weiterbetrieb des bestehenden Investitionsobjekts). In der vorliegenden Aufgabenstellung wird allerdings eine Errichtungsinvestition betrachtet, mit der zusätzliche Erlöse verbunden sind, womit eine Beurteilung der absoluten Vorteilhaftigkeit anhand der Kosten nicht sinnvoll ist.

Die Beurteilung der **relativen Vorteilhaftigkeit** anhand eines Kostenvergleichs ist nur in solchen Fällen sinnvoll möglich, wenn die Erlöse der zu vergleichenden Objekte identisch sind. Dies ist in der vorliegenden Aufgabenstellung der Fall (Produktions- bzw. Verkaufsmengen sowie Verkaufspreise sind für beide Alternativen identisch).

Für die Berechnung der Kosten ist zwischen **fixen Kosten** K_{fix} und **variablen Kosten** K_{var} zu differenzieren. Als variabel werden allgemein solche Kosten bezeichnet, deren Höhe vom Beschäftigungsgrad bzw. der Produktionsmenge abhängig ist.

Im Hinblick auf spätere Sensitivitätsanalysen bietet es sich an, zunächst die **variablen Stückkosten** k_{var} zu berechnen – damit lassen sich später unkompliziert die Kosten für andere Leistungsmengen berechnen. Die durchschnittlichen **Gesamtkosten** K ergeben sich als Summe der jährlichen fixen und variablen Kosten:

$$K = K_{fix} + x \cdot k_{var}, \tag{B.1}$$

wobei x die Produktionsmenge bezeichnet.

Tabelle B.1 zeigt die Zuordnung der für die Aufgabenstellung relevanten Kostenarten.

Fixe Kosten (K_{fix})	Variable Kosten (K_{var})
Abschreibungen	Lohnkosten
Kalkulatorische Zinsen	Materialkosten
Gehälter	
Wartungskosten fix	

Tabelle B.1. *Kostenarten der Aufgabe*

Für die einzelnen Kostenarten sind nun die durchschnittlichen jährlichen Kosten zu berechnen. Die fixen Kosten für Gehälter und Wartung können dazu unmittelbar aus Tabelle A.1 der Aufgabenstellung übernommen werden. Abschreibungen *AfA* sowie Zinsen Z sind noch zu berechnen, ebenso die variablen Kosten, die sich auf die Ausbringungsmenge von 25.000 Stück beziehen müssen.

Beginnen wir mit den durchschnittlichen Abschreibungen, welche die Anschaffungskosten A_0 (abzgl. eines möglichen Liquidationserlöses L_n) linear auf die Nutzungsdauer n verteilen und so den durchschnittlichen jährlichen Wertverzehr des Investitionsobjekts angeben. Diese ergeben sich gemäß:

$$AfA = \frac{A_0 - L_n}{n}. \tag{B.2}$$

Zu beachten ist, dass die Anschaffungsauszahlungen typischerweise auch die Transport- und Errichtungskosten umfassen, da diese im externen Rechnungswesen aktiviert und ebenfalls abgeschrieben werden. Mit den Zahlen der Aufgabenstellung erhalten wir für die Objekte A und B:

$$AfA^A = \frac{1.000.000 + 10.000 - 20.000}{8} = 123.750,$$

$$AfA^B = \frac{2.000.000 + 25.000 - 50.000}{8} = 246.875.$$

Die durchschnittlichen kalkulatorischen Zinsen Z ergeben sich im Rahmen der statischen Verfahren, indem der Kalkulationszinssatz i mit dem durchschnittlich gebundenen Kapital DgK des Investitionsobjekts multipliziert wird:

$$Z = i \cdot DgK. \tag{B.3}$$

Um das durchschnittlich gebundene Kapital zu berechnen, bedient man sich im Rahmen der statischen Verfahren im Regelfall der einfachen Annahme, dass die Kapitalbindung über die Laufzeit linear abnimmt, d. h., das Kapital wird kontinuierlich und gleichmäßig über den Absatzmarkt freigesetzt. Wenn nun zu Beginn der Investition Kapital in Höhe von A_0 gebunden ist und am Ende das Kapital vollständig zurückgeflossen ist (die Kapitalbindung also null beträgt), so ist im Durchschnitt der Mittelwert, also $A_0/2$, an Kapital gebunden. Liegt zudem ein Liquidationserlös in Höhe von L_n vor, der definitionsgemäß erst am Ende der Nutzungsdauer zurückfließt, so erhöht dies die Kapitalbindung: Nur das Anfangskapital ohne Liquidationserlös $(A_0 - L_n)$ wird in diesem Fall gleichförmig über die Laufzeit freigesetzt, der Liquidationserlös L_n ist dagegen über die gesamte Laufzeit gebunden, womit sich für das durchschnittlich gebundene Kapital ergibt:

$$DgK = \frac{A_0 - L_n}{2} + L_n = \frac{A_0 + L_n}{2}. \tag{B.4}$$

Für unsere Aufgabe folgt daraus:

$$DgK^A = \frac{1.000.000 + 10.000 + 20.000}{2} = 515.000,$$

$$DgK^B = \frac{2.000.000 + 25.000 + 50.000}{2} = 1.037.500,$$

womit wir gemäß (B.3) für die Zinsen erhalten:

$$Z^A = 10\,\% \cdot 515.000 = 51.500,$$

$$Z^B = 10\,\% \cdot 1.037.500 = 103.750.$$

Die gesamten **fixen Kosten** K_{fix} ergeben sich schließlich als Summe der Abschreibungen, kalkulatorischen Zinsen, Gehälter sowie der fixen Wartungskosten:

$$K_{fix}^A = 123.750 + 51.500 + 50.000 + 50.000 = 275.250,$$

$$K_{fix}^B = 246.875 + 103.750 + 50.000 + 50.000 = 450.625.$$

Betrachten wir nun die gesamten **variablen Kosten** K_{var} der beiden Objekte. Hierzu zählen für die vorliegende Aufgabenstellung die Löhne einschließlich Nebenkosten sowie die Materialkosten:

$$K_{var}^A = 350.000 + 500.000 = 850.000,$$

$$K_{var}^B = 250.000 + 650.000 = 900.000.$$

Die variablen Kosten beziehen sich auf die maximale Leistungsmenge der jeweiligen Anlage. Um die **variablen Stückkosten** k_{var} zu erhalten, müssen wir folglich die gesamten variablen Kosten durch diese maximale Leistungsmenge dividieren:

$$k_{var}^A = \frac{850.000}{25.000} = 34,$$

$$k_{var}^B = \frac{900.000}{30.000} = 30.$$

Nun können wir in einem letzten Schritt mittels (B.1) die gesamten Kosten K als Summe der fixen und variablen Kosten berechnen:

$$K^A = 275.250 + (25.000 \cdot 34) = 1.125.250,$$

$$K^B = 450.625 + (25.000 \cdot 30) = 1.200.625.$$

Wir können festhalten, dass Objekt A relativ vorteilhaft ist, da dessen Gesamtkosten geringer als die Kosten des Objekts B sind.

b) Bei der **Gewinnvergleichsrechnung** werden neben den Kosten auch die **Erlöse** der Investitionsobjekte betrachtet, womit sich nun auch Objekte mit unterschiedlichen Erlösen vergleichen lassen. Der durchschnittliche Gewinn G eines Investitionsobjekts ergibt sich als Differenz von Erlösen E und Kosten K, wobei die Erlöse als Produkt von Absatzmenge x und Absatzpreis p ausgedrückt werden können:

$$G = E - K = x \cdot p - K,$$

bzw. nach Substitution von K gemäß (B.1):

$$G = x \cdot p - (K_{fix} + x \cdot k_{var}). \qquad \text{(B.5)}$$

Es gelten für die Gewinnvergleichsrechnung folgende Entscheidungsregeln:

- Ein Investitionsobjekt ist **absolut vorteilhaft**, falls mit dem Objekt ein Gewinn erzielt wird.

- Ein Investitionsobjekt ist **relativ vorteilhaft**, falls sein Gewinn den eines jeden anderen zur Wahl stehenden Objekts übersteigt.

Für die vorliegende Aufgabenstellung haben wir sowohl die fixen Kosten wie auch die variablen Stückkosten bereits in Teilaufgabe a) berechnet. Mit den angegebenen Netto-Verkaufspreisen und Verkaufsmengen (entsprechen hier den maximalen Leistungsmengen), können wir umgehend in (B.5) einsetzen:

$$G^A = 25.000 \cdot 47 - (275.250 + 25.000 \cdot 34) = 49.750,$$

$$G^B = 30.000 \cdot 47 - (450.625 + 30.000 \cdot 30) = 59.375.$$

Beide Investitionsobjekte sind **absolut vorteilhaft**, da beide einen Gewinn aufweisen. **Relativ vorteilhaft** ist Objekt B, da mit diesem ein höherer durchschnittlicher Gewinn erwirtschaftet werden kann.

c) Bei der **Rentabilitätsvergleichsrechnung** (oder Renditevergleichsrechnung) wird der Gewinn ins Verhältnis zum Kapitaleinsatz gesetzt und somit eine Rendite berechnet. Damit soll die Tatsache berücksichtigt werden, dass Investitionen unterschiedlich viel Kapital binden können. Im Rahmen der statischen Verfahren ergibt sich die durchschnittliche Rendite eines Investitionsobjekts wie folgt:

$$\text{Rendite} = \frac{\text{Gewinn vor Zinsen}}{\text{Durchschnittlich gebundenes Kapital}}. \tag{B.6}$$

Dabei wird auf den Gewinn vor Abzug kalkulatorischer Zinsen abgestellt, um die durchschnittliche (Brutto-)Rendite auf das Gesamtkapital vor Berücksichtigung der Opportunitätskosten des Kapitals zu bestimmen. Diese Rendite lässt sich in einem zweiten Schritt mit der vom Investor geforderten Mindestverzinsung vergleichen. Bei Verwendung des Gewinns nach Zinsen wäre dieser Vergleich nicht möglich und die berechnete Rendite würde eine „Überrendite" darstellen.

Als Entscheidungskriterium der Rentabilitätsvergleichsrechnung gilt:

- Ein Investitionsobjekt ist **absolut vorteilhaft**, falls seine Rendite eine vorgegebene Mindestverzinsung übersteigt.

- Ein Investitionsobjekt ist **relativ vorteilhaft**, falls seine Rendite die eines jeden anderen zur Wahl stehenden Objekts übertrifft.

Üblicherweise wird als **Mindestverzinsung** der Kalkulationszinssatz verwendet, da dieser die Opportunitätskosten des Investors ausdrückt. Mit unseren bekannten Symbolen erhalten wir für die Rendite:

$$\text{Rendite} = \frac{G + Z}{DgK}. \tag{B.7}$$

Für die Aufgabenstellung haben wir alle erforderlichen Größen bereits in den vorausgehenden Teilaufgaben berechnet und können somit unmittelbar die Renditen der Investitionsobjekte berechnen:

$$\text{Rendite}^A = \frac{49.750 + 51.500}{515.000} = 19{,}66\,\%,$$

$$\text{Rendite}^B = \frac{59.375 + 103.750}{1.037.500} = 15{,}72\,\%.$$

Beide Investitionsobjekte weisen eine Rendite oberhalb des Kalkulationszinssatzes von 10 % auf und sind somit **absolut vorteilhaft**. Nach der **relativen Vorteilhaftigkeit** wird Objekt A gewählt, da dessen Rendite die Rendite des Objekts B übersteigt.

Vergleicht man die Vorteilhaftigkeitsentscheidungen mit denen der Gewinnvergleichsrechnung, so stimmen die Ergebnisse bzgl. absoluter Vorteilhaftigkeit überein. Dies wird stets der Fall sein, solange der bei der Gewinnvergleichsrechnung verwendete Kalkulationszins auch als Mindestverzinsung im Rahmen der Rentabilitätsvergleichsrechnung zum Einsatz kommt. Abweichende Entscheidungen ergeben sich für unsere Aufgabe allerdings bzgl. der relativen Vorteilhaftigkeit. Während der Gewinnvergleichsrechnung zufolge Objekt B relativ vorteilhaft ist, kommen wir mit der Rentabilitätsvergleichsrechnung zu der Entscheidung, Objekt A zu wählen.

Woran liegt das? Während die Gewinnvergleichsrechnung auf absolute Größen abstellt, betrachtet die Rentabilitätsvergleichsrechnung den Gewinn bezogen auf eine **Einheit eingesetztes Kapital**. Nun ist zwar der Gewinn von Objekt A geringer, jedoch fällt auch die durchschnittliche Kapitalbindung (deutlich) niedriger aus. Dies führt dazu, dass Objekt A trotz geringeren Gewinns eine höhere Rendite aufweist. Wählt der Investor tatsächlich Objekt A, muss er sich allerdings fragen lassen, wie er das freie Kapital verwenden möchte, das aus der gegenüber Objekt B geringeren Kapitalbindung resultiert. Kann er die Differenz lediglich zum Kalkulationszinssatz investieren, ist ihm mit Objekt A nur wenig geholfen. Gibt es dagegen ein weiteres Investitionsobjekt mit einer ähnlich hohen Rendite, das er durch Verzicht auf die höhere Kapitalbindung von Objekt B nun realisieren kann, so ist Objekt A tatsächlich die bessere Wahl. Letztlich kommt es also darauf an, wie der Investor mögliche **Kapitalbindungsdifferenzen** der Objekte verwenden kann.

Allgemein lässt sich sagen, dass die Gewinnvergleichsrechnung eine Verzinsung von Kapitalbindungsdifferenzen zum Kalkulationszinssatz unterstellt. Die Rentabilitätsvergleichsrechnung unterstellt dagegen implizit, dass solche Differenzen mit der gleichen Rendite des betrachteten Investitionsobjekts investiert werden können. In der Praxis wäre im Einzelfall zu prüfen, welche Annahme eher zutreffend ist.

Prüfen wir diese beiden Annahmen exemplarisch für unsere Aufgabenstellung, indem wir die durchschnittliche Rendite von Objekt A unter Berücksichtigung der **Differenzinvestition** berechnen. Die Differenz in der durchschnittlichen Kapitalbindung von Objekt B und Objekt A beträgt:

$$DgK^B - DgK^A = 1.037.500 - 515.000 = 522.500.$$

Gilt die Annahme der Gewinnvergleichsrechnung, so kann der Investor bei Wahl des Objekts A diese Differenz nur zum Kalkulationszinssatz investieren. Damit erhält er zusätzliche durchschnittliche Rückflüsse in Höhe von

$$10\,\% \cdot 522.500 = 52.250.$$

Seine durchschnittliche Rendite auf das gesamte eingesetzte Kapital beträgt dann:

$$\text{Rendite}^{A+\text{Differenz}} = \frac{49.750 + 51.500 + 52.250}{1.037.500} = 14{,}80\,\%.$$

Unter Berücksichtigung der Differenzinvestition liegt die Rendite des Objekts A nun deutlich unter der oben berechneten Rendite von Objekt A (19,66 %). Damit hat sich auch die Investitionsentscheidung geändert, denn die Rendite liegt nun auch unter der Rendite des Objekts B, das jetzt folglich die bessere Wahl darstellt – so wie wir es gemäß Gewinnvergleichsrechnung ermittelt hatten.

Gilt dagegen die implizite Annahme der Rentabilitätsvergleichsrechnung, dass der Investor bei Wahl des Objekts A auch die Differenz zur Rendite des Objekts A in Höhe von 19,66 % investieren kann, so erhält er zusätzliche durchschnittliche Rückflüsse in Höhe von:

$$19{,}66\,\% \cdot 522.500 = 102.723{,}50.$$

Seine durchschnittliche Rendite auf das gesamte eingesetzte Kapital beträgt dann:

$$\text{Rendite}^{A+\text{Differenz}} = \frac{49.750 + 51.500 + 102.723{,}50}{1.037.500} = 19{,}66\,\%.$$

In diesem Fall entspricht dies genau der Rendite der ursprünglichen Investition (siehe oben) und somit wäre Objekt A tatsächlich die bessere Wahl – so wie wir es gemäß Rentabilitätsvergleichsrechnung ermittelt hatten.

Bei dem Vergleich von sich gegenseitig ausschließenden Investitionsalternativen mit unterschiedlichem Kapitaleinsatz kommt es also entscheidend darauf an, wie mögliche Kapitalbindungsdifferenzen angelegt werden können.

d) Bei der **Amortisationsrechnung**, auch Pay-Back-Methode genannt, wird die Entscheidung nach der **Amortisationszeit** des Objekts getroffen. Diese definieren wir als jenen Zeitraum, in welchem das für das Investitionsobjekt eingesetzte Kapital aus den durchschnittlichen Rückflüssen wiedergewonnen wurde und insofern das „eigentliche Verdienen" beginnt.

Wir entscheiden uns für jenes Investitionsobjekt, welches die **geringste** Amortisationszeit aufweist (**relative Vorteilhaftigkeit**). Investitionen sind zu unterlassen, wenn eine bestimmte festgelegte Amortisationszeit überschritten wird (**absolute Vorteilhaftigkeit**). In der Praxis wird dazu oftmals von der Geschäftsleitung eine kritische Größe festgelegt, die nicht überschritten werden soll. Es ist allerdings unklar, wo genau diese Trennlinie verlaufen soll. Allenfalls lässt sich sagen, dass die Amortisationszeit natürlich nicht größer als die Nutzungsdauer des Investitionsobjekts sein darf.

Um die Amortisationszeit nach einer einfachen **Durchschnittsrechnung** zu bestimmen, wird das eingesetzte Kapital durch den durchschnittlichen **Kapitalrückfluss** dividiert:

$$\text{Amortisationszeit} = \frac{\text{Eingesetztes Kapital}}{\text{Kapitalrückfluss}}\,. \tag{B.8}$$

Die resultierende Größe lässt sich als Anzahl an Perioden (Jahre) interpretieren, die es bis zur „Amortisation" der Investition dauert.

Der durchschnittliche Kapitalrückfluss ist nicht mit dem durchschnittlichen Gewinn identisch. So reduzieren Abschreibungen zwar den Gewinn, führen allerdings zu keinen Auszahlungen. Unter der Annahme, dass die Abschreibungen am Markt durch die Verkaufspreise verdient werden, fließen diese dem Unternehmen ebenfalls als liquide Mittel aufgrund der Investition zurück. Zudem wird im Regelfall wieder auf den Gewinn vor Zinsen abgestellt, da die Zinsen als kalkulatorische Posten ebenfalls nicht abfließen.

Der durchschnittliche Kapitalrückfluss ergibt sich somit als Gewinn vor Zinsen zzgl. kalkulatorischer Abschreibungen:

$$\text{Kapitalrückfluss} = \text{Gewinn} + \text{Zinsen} + \text{Abschreibungen}$$
$$= G + Z + AfA. \tag{B.9}$$

Alle notwendigen Größen haben wir für unsere Aufgabenstellung bereits berechnet, womit wir für den Kapitalrückfluss erhalten:

$$\text{Kapitalrückfluss}^A = 49.750 + 51.500 + 123.750 = 225.000,$$

$$\text{Kapitalrückfluss}^B = 59.375 + 103.750 + 246.875 = 410.000.$$

Das eingesetzte Kapital entspricht dem Kaufpreis der Anlage zzgl. Transport- und Errichtungskosten. Auch diese Werte wurden oben bereits berechnet. Damit können wir die Amortisationszeiten der beiden Objekte berechnen:

$$\text{Amortisationszeit}^A = \frac{1.010.000}{225.000} = 4{,}49 \text{ Jahre},$$

$$\text{Amortisationszeit}^B = \frac{2.025.000}{410.000} = 4{,}94 \text{ Jahre}.$$

Nach der Amortisationsrechnung würden wir uns für Objekt A entscheiden, da wir hier unser eingesetztes Kapital aus dem durchschnittlichen Kapitalrückfluss etwas schneller wiedergewinnen können.

In der Praxis würde man die Amortisationsrechnung allerdings nicht als alleiniges Entscheidungskriterium für die Vorteilhaftigkeitsentscheidung heranziehen. Sie wird eher als ergänzendes **Risikomaß** zusammen mit anderen statischen oder dynamischen Verfahren verwendet. Die Dauer der Amortisation kann nämlich als Indikator für das mit der Investition verbundene Risiko angesehen werden: Je weiter Prognoseperioden in der Zukunft liegen, des größer ist die Unsicherheit über die zukünftige Entwicklung. Je länger die Amortisationszeit ist, desto höher ist demzufolge auch das Risiko der Investition.

e) Bei der **Break-Even-Analyse** wird jene Absatzmenge x^* gesucht, für welche gerade ein **Gewinn von null** erzielt wird. Können über diese kritische Größe hinaus Verkäufe realisiert werden, so wird ein positives Ergebnis erreicht. Die Break-Even-Analyse stellt insofern eine wichtige Sensitivitätsanalyse dar, um das **Risiko** einer Investition einschätzen zu können.

Um die kritische Absatzmenge x^* zu berechnen, setzen wir die Gewinnfunktion gemäß (B.5) gleich null und lösen nach der gesuchten Menge x^* auf:

$$
\begin{aligned}
G = x^* \cdot p - (K_{fix} + k_{var} \cdot x) &\overset{!}{=} 0 &&| + (K_{fix} + k_{var} \cdot x) \\
\Leftrightarrow \quad x^* \cdot p &= K_{fix} + k_{var} \cdot x^* &&| - k_{var} \cdot x \\
\Leftrightarrow \quad x^* \cdot p - k_{var} \cdot x^* &= K_{fix} \\
\Leftrightarrow \quad x^* \cdot (p - k_{var}) &= K_{fix} &&| \div (p - k_{var}) \\
\Leftrightarrow \quad x^* &= \underbrace{\frac{K_{fix}}{p - k_{var}}}_{\text{Deckungsbeitrag}} &&\text{(B.10)}
\end{aligned}
$$

Ökonomisch gesehen ergibt sich die Break-Even-Absatzmenge, indem die fixen Kosten durch den Stückdeckungsbeitrag geteilt werden.

Für die Zahlen unserer Aufgabenstellung erhalten wir:

$$
x^{*A} = \frac{275.250}{47 - 34} = 21.173,08,
$$

$$
x^{*B} = \frac{450.625}{47 - 30} = 26.507,35.
$$

Da die Anlagen ausschließlich ganze Stücke produzieren können, runden wir die Ergebnisse auf und stellen fest, dass bei Objekt A bereits bei 21.174 Stück ein Gewinn erzielt werden kann, während für Objekt B erst bei 26.508 Stück die Gewinnschwelle erreicht wird. Abb. B.1 stellt die Gewinnfunktionen der beiden Objekte grafisch dar. Analytisch erhalten wir diese gemäß (B.5):

$$
\begin{aligned}
G^A(x) &= x \cdot 47 - (275.250 + x \cdot 34), \\
G^A(x) &= -275.250 + 13 \cdot x,
\end{aligned}
$$

$$
\begin{aligned}
G^B(x) &= x \cdot 47 - (450.625 + x \cdot 30), \\
G^B(x) &= -450.625 + 17 \cdot x.
\end{aligned}
$$

Der Ordinatenabschnitt auf der Y-Achse stellt den Fixkostenblock dar; die Steigung der Funktion drückt den Stückdeckungsbeitrag der Objekte aus. Die Break-Even-Analyse ermöglicht nun einen besseren Einblick in den Risikogehalt der Investition. Für unsere Aufgabe zeigt sich, dass Objekt B zwar bei tatsächlicher Realisation der geplanten Absatzmenge von 30.000 Stück einen höheren Gewinn erwirtschaftet. Allerdings ist der höhere Gewinn hier auch mit einem deutlich höheren Risiko verbunden: Da Objekt B höhere Fixkosten aufweist, liegt die Break-Even-Menge für B höher, womit ein größeres Risiko für ein negatives Ergebnis besteht (dies wird auch als **Operating Leverage** bezeichnet). Sinkt die Absatzmenge beispielsweise auf 25.000 Stück, so lässt sich mit Objekt A immer noch ein positives Ergebnis erzielen, während Objekt B bereits Verluste „produziert". Die Break-Even-Analyse

kann hier helfen, die auf Basis der geplanten Absatzmenge getroffene Entscheidung
noch einmal aus Risikoüberlegungen zu überdenken.

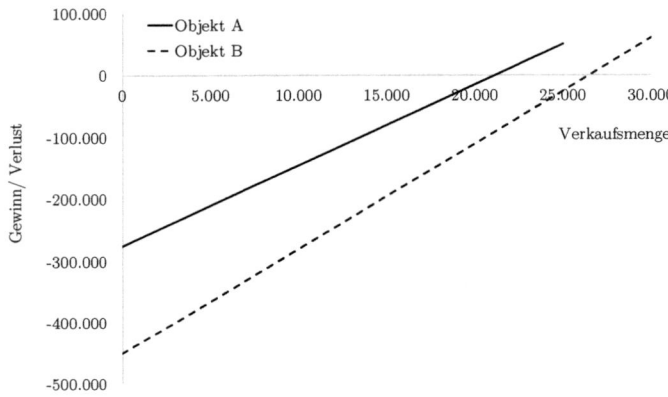

Abbildung B.1. *Sensitivitätsanalyse bzgl. der Verkaufsmenge*

f) Hier ist der **Break-Even-Preis** gesucht, d. h. jener Preis p^*, für welchen wir bei
einer festgelegten Absatzmenge einen **Gewinn von null** erzielen. Um diesen Preis
zu berechnen, arbeiten wir erneut mit der Gewinnfunktion gemäß (B.5). Wir setzten
den Gewinn gleich null und lösen die Gleichung nun nach dem Preis p^* auf:

$$G = x \cdot p^* - (K_{fix} + x \cdot k_{var}) \overset{!}{=} 0 \quad | + (K_{fix} + x \cdot k_{var})$$
$$\Leftrightarrow \quad (K_{fix} + x \cdot k_{var}) = x \cdot p^* \quad | \div x$$
$$\Leftrightarrow \quad p^* = \frac{(K_{fix} + x \cdot k_{var})}{x}$$
$$\Leftrightarrow \quad p^* = \frac{K_{fix}}{x} + k_{var}. \tag{B.11}$$

Damit ergeben sich für die beiden Objekte folgende Break-Even-Preise:

$$p^{*A} = \frac{275.250}{25.000} + 34 = 45{,}01,$$
$$p^{*B} = \frac{450.625}{30.000} + 30 = 45{,}02.$$

Es zeigt sich, dass der Preisspielraum bei beiden Objekten gering ist. Ausgehend
von einem geplanten Absatzpreis in Höhe von 47 EUR führt bereits eine Senkung
von 2 EUR für beide Objekte zu einem negativen Ergebnis.

Aufgabe 2   Statische Verfahren II (Großreparatur)

a) Um die relative und absolute Vorteilhaftigkeit mittels der **Kostenvergleichsrech-nung** zu bestimmen, sind analog zu Aufgabe 1 die durchschnittlichen Kosten der Alternativen zu ermitteln. Es stehen zur Auswahl:

- Umfassende Sanierung für 1.700.000 EUR („Sanierung A"),
- Einfachere Sanierung für 1.200.000 EUR („Sanierung B").

Im vorliegenden Fall liegen ausschließlich fixe Kosten vor, die sich aus den Abschrei-bungen, den Zinsen auf das durchschnittlich gebundene Kapital sowie den sonstigen fixen Kosten zusammensetzen. Diese sonstigen fixen Kosten umfassen bei Sanie-rung A die jährlichen Kosten für den Wartungsvertrag in Höhe von 24.000 EUR ($12 \cdot 2.000$ EUR) sowie bei Sanierung B die erwarteten jährlichen Reparaturkosten in Höhe von 100.000 EUR.

Für die Abschreibungen gilt gemäß (B.2) mit den Werten unserer Aufgabe:

$$AfA^A = \frac{1.700.000}{10} = 170.000,$$

$$AfA^B = \frac{1.200.000}{10} = 120.000.$$

Dass bei Sanierung A eine steuerliche Sonderabschreibung über einen kürzen Zeit-raum möglich ist, spielt für die Berechnung der Abschreibungen im Rahmen der Investitionsrechnung keine unmittelbare Rolle. Die Abschreibungen sollen hier den tatsächlichen Wertverzehr über die Nutzungsdauer ungeachtet steuerlicher oder buchhalterischer Überlegungen wiedergeben.

Zur Ermittlung der durchschnittlichen kalkulatorischen Zinsen ist zunächst das durchschnittlich gebundene Kapital DgK gemäß (B.4) zu berechnen:

$$DgK^A = \frac{1.700.000}{2} = 850.000,$$

$$DgK^B = \frac{1.200.000}{2} = 600.000.$$

Bei einem Kalkulationszins von 8 % ergeben sich die kalkulatorischen Zinsen gemäß (B.3) zu:

$$Z^A = 8\,\% \cdot 850.000 = 68.000,$$
$$Z^B = 8\,\% \cdot 600.000 = 48.000.$$

Damit können wir bereits die gesamten Kosten berechnen:

$$K^A = 170.000 + 68.000 + 24.000 = 262.000,$$
$$K^B = 120.000 + 48.000 + 100.000 = 268.000.$$

Vergleicht man die Kosten der beiden Sanierungsalternativen mit denen der Unterlassensalternative (jährliche Reparaturkosten in Höhe von 300.000 EUR), so lässt sich zunächst feststellen, dass beide Investitionen **absolut vorteilhaft** sind. Nach dem Kriterium der **relativen Vorteilhaftigkeit** ist Sanierung A zu wählen, da diese Alternative gegenüber B mit geringeren Kosten verbunden ist.

b) Die Änderung des Kalkulationszinssatzes hat Auswirkungen auf die kalkulatorischen Zinsen, die nun neu zu berechnen sind. Alle anderen Zahlen können aus Teilaufgabe a) übernommen werden. Mit einem Kalkulationszinssatzes von 12 % erhalten wir für die Zinsen:

$$Z^A = 12\,\% \cdot 850.000 = 102.000,$$

$$Z^B = 12\,\% \cdot 600.000 = 72.000,$$

womit sich für die Gesamtkosten ergibt:

$$K^A = 170.000 + 102.000 + 24.000 = 296.000,$$
$$K^B = 120.000 + 72.000 + 100.000 = 292.000.$$

Durch den höheren Kalkulationszinssatz sind die kalkulatorischen Zinsen und damit die Gesamtkosten für beide Sanierungsalternativen gestiegen. Allerdings liegen diese immer noch (knapp) unter den jährlichen Kosten von 300.000 EUR der Unterlassensalternative, womit beide Sanierungsalternativen weiterhin absolut vorteilhaft sind. Bzgl. der relativen Vorteilhaftigkeit würden wir uns nun abweichend zu Teilaufgabe a) für die Option B mit den geringeren Gesamtkosten entscheiden. Die Ursache ist darin zu sehen, dass Sanierung A eine höhere Kapitalbindung aufweist und eine Änderung des Zinsniveaus daher zu stärkeren Auswirkungen führt.

Um den Kalkulationszinssatz i^* zu berechnen, bei welchem die beiden Sanierungsoptionen zu **identischen Kosten** führen, setzen wir die Kostenfunktionen der Alternative A und B gleich und lösen die Gleichung nach dem gesuchten Zinssatz i^* auf:

$$K^A = K^B$$
$$170.000 + (i^* \cdot 850.000) + 24.000 = 120.000 + (i^* \cdot 600.000) + 100.000$$
$$194.000 + i^* \cdot 850.000 = 220.000 + i^* \cdot 600.000$$
$$i^* \cdot 250.000 = 26.000$$
$$i^* = 10{,}40\,\%.$$

Bei einem Kalkulationszinssatz von 10,40 % führen beide Alternativen zu identischen Gesamtkosten (282.400 EUR), was in Tabelle B.2 anhand der Kostenbestandteile dargestellt ist.

	Sanierung A	Sanierung B
DgK	850.000	600.000
Zinskosten	88.400	62.400
Abschreibungen	170.000	120.000
Sonstige Kosten	24.000	100.000
Gesamtkosten	282.400	282.400

Tabelle B.2. *Kosten für Kalkulationszins von $i = 10{,}4\,\%$*

c) Bei einer früheren Stilllegung des Kraftwerks würden sich die Nutzungsdauern der Sanierungsalternativen reduzieren. Die Investitionsauszahlungen wären damit auf eine geringere Nutzungsdauer zu verteilen, was zu höheren Abschreibungen und somit zu höheren Gesamtkosten führen würde. Dies könnte die absolute Vorteilhaftigkeit der Sanierung infrage stellen.

Reduziert sich die Nutzungsdauer beispielsweise auf acht Jahre, so würden die Abschreibungen für Sanierung B auf 212.500 EUR steigen (1.700.000 ÷ 8). Damit würden die Gesamtkosten der Alternative B auf 304.500 EUR steigen und somit über den Kosten der Unterlassensalternative liegen – die absolute Vorteilhaftigkeit wäre in diesem Fall nicht mehr gegeben.

d) Im Rahmen der statischen Verfahren der Investitionsrechnung ergibt sich keine Auswirkung auf die Investitionsentscheidung, wenn die Reparaturkosten bei Unterlassen der Sanierung eher zum Ende der Restnutzungsdauer anfallen. Die statischen Verfahren stellen nur auf die **durchschnittlichen Kosten** ab, ohne den zeitlichen Anfall der einzelnen Kosten zu berücksichtigen. Eine explizite Berücksichtigung der zeitlichen Struktur der Zahlungen erfolgt erst im Rahmen der **dynamischen Verfahren** der Investitionsrechnung.

Aufgabe 3 Finanzmathematik I

Hier ist das **Endkapital** K_n gesucht, auf das ein Anfangskapital K_0 nach einer Laufzeit n bei einem Zinssatz i angewachsen ist. Für das Endkapital gilt:

$$K_n = K_0 \cdot (1 + i)^n. \tag{B.12}$$

Um das Endkapital K_n zu erhalten, ist das Anfangskapital K_0 folglich mit dem als **Aufzinsungsfaktor** bezeichneten Faktor $(1 + i)^n$ zu multiplizieren. Man bezeichnet diesen Vorgang auch als „Aufzinsen".

Für die Berechnung des erwarteten Endkapitals bei einer Anlage in Aktien gilt für die zu betrachtenden Laufzeiten:

$$K_5 = 1.000 \cdot (1 + 8{,}6\,\%)^5 = 1.510{,}60,$$
$$K_{10} = 1.000 \cdot (1 + 8{,}6\,\%)^{10} = 2.281{,}91,$$
$$K_{20} = 1.000 \cdot (1 + 8{,}6\,\%)^{20} = 5.207{,}11,$$
$$K_{40} = 1.000 \cdot (1 + 8{,}6\,\%)^{40} = 27.113{,}96.$$

Die Berechnung für die anderen Vermögensklassen erfolgt analog, womit man die Werte gemäß folgender Tabelle B.3 erhält.

Laufzeit	Aktien	Anleihen	Gold
5	1.510,60	1.240,23	1.035,49
10	2.281,91	1.538,17	1.072,25
20	5.207,11	2.365,97	1.149,71
40	27.113,96	5.597,83	1.321,84

Tabelle B.3. *Endkapital einer Anlage von 1.000 EUR für unterschiedliche Laufzeiten und Vermögensklassen*

Die Anlage in Aktien liefert aufgrund der höheren erwarteten Rendite die höchsten Vermögensendwerte, wobei der Unterschied zu den anderen Anlageklassen mit zunehmender Laufzeit steigt. So ist das erwartete Endkapital bei einer Investition in Aktien für eine Laufzeit von 40 Jahren fast fünf Mal so hoch wie bei einer Investition in Anleihen – und das, obwohl die erwartete Rendite von Aktien nicht einmal doppelt so groß wie die für Anleihen ist. Dieses Phänomen lässt sich mit dem **Zinseszinseffekt** begründen, der zu einem exponentiellen Wachstum des eingesetzten Kapitals führt.

Aufgabe 4   Finanzmathematik II

a) Hier ist das **Anfangskapital** K_0 gesucht, d. h. der heutige Betrag, den wir für unser Patenkind anlegen müssen, um bei einem Zinssatz von 2 % in zehn Jahren die gewünschten 1.000 EUR (K_n) zu erhalten. Das Anfangskapital lässt sich berechnen, indem wir Formel (B.12) nach K_0 umstellen:

$$K_n = K_0 \cdot (1+i)^n \qquad\qquad | \div (1+i)^n$$
$$\Leftrightarrow \qquad K_0 = \frac{K_n}{(1+i)^n} = K_n \cdot (1+i)^{-n}. \qquad\qquad (\text{B.13})$$

Um das Anfangskapital K_0 zu erhalten, ist folglich das Endkapital K_n mit dem als **Abzinsungsfaktor** bezeichneten Faktor $(1+i)^{-n}$ zu multiplizieren. Man bezeichnet diesen Vorgang auch als „Abzinsen" bzw. „Diskontieren".

Für die Werte unserer Aufgabenstellung erhalten wir:

$$K_0 = 1.000 \cdot (1 + 2\,\%)^{-10} = 820{,}35.$$

Um in zehn Jahren 1.000 EUR auszahlen zu können, ist folglich heute bei einem Zinssatz von 2 % ein Anfangskapital in Höhe von 820,35 EUR anzulegen.

b) Wir berechnen hier zunächst, welches Endkapital wir mit der Anlage von 500 EUR nach 10 Jahren erhalten. Dazu zinsen wir das Anfangskapital von 500 EUR gemäß Formel (B.12) auf und erhalten:

$$K_n = 500 \cdot (1 + 2\,\%)^{10} = 609{,}50.$$

Im zweiten Schritt ermitteln wir die Differenz zwischen dem gewünschten Endkapital von 1.000 EUR und unserem gerade berechneten Endwert von 609,50:

$$K_0 = 1.000 - 609{,}50 = 390{,}50.$$

Somit fehlen in zehn Jahren noch 390,50 EUR, um den Betrag von 1.000 EUR zu erhalten. Wenn wir den Restbetrag erst im nächsten Jahr anlegen, stehen uns noch neun Jahre zur Anlage zur Verfügung. Die Differenz von 390,50 EUR ist somit um neun Jahre gemäß Formel (B.13) abzuzinsen:

$$K_0 = 390{,}50 \cdot (1 + 2\,\%)^{-9} = 326{,}76.$$

Folglich beläuft sich der zusätzliche Betrag, den wir im nächsten Jahr noch anlegen müssen, auf 326,76 EUR.

Aufgabe 5 Finanzmathematik III

a) Hier ist das **Endkapital** K_n nach fünf Jahren zu berechnen. Aufgrund der sich ändernden Zinssätze können wir diesen Wert allerdings nicht einfach durch einmalige Verwendung der Formel für K_n gemäß (B.12) ermitteln. Wir müssen die Formel nun schrittweise auf die Anlagedauern der unterschiedlichen Zinssätze anwenden. Für unsere Aufgabenstellung ergibt sich:

- Jahr 1 mit einem Zinssatz von 3 %:

$$K_1 = 10.000 \cdot (1 + 3{,}0\,\%)^1 = 10.300{,}00,$$

- Jahr 2 bis Jahr 4 mit einem Zinssatz von jeweils 3,5 %:

$$K_4 = 10.300{,}00 \cdot (1 + 3{,}5\,\%)^3 = 11.419{,}79,$$

- Jahr 5 mit einem Zinssatz von 4 %:

$$K_5 = 11.419{,}79 \cdot (1 + 4{,}0\,\%)^1 = 11.876{,}59.$$

Für unser heutiges Anfangskapital K_0 von 10.000 EUR ergibt sich nach fünf Jahren ein Endwert von 11.876,59 EUR.

Schneller und einfacher hätten wir auch unmittelbar rechnen können:

$$K_5 = 10.000 \cdot (1 + 3{,}0\ \%)^1 \cdot (1 + 3{,}5\ \%)^3 \cdot (1 + 4{,}0\ \%)^1 = 11.876{,}59,$$

womit wir das identische Ergebnis erhalten.

b) Nun suchen wir mit unserem Anfangskapital K_0 von 10.000 EUR und dem in Teilaufgabe a) ermittelten Endkapital K_n in Höhe von 11.876,59 EUR jenen Zinssatz i, mit welchem über die Laufzeit von fünf Jahren der gleiche Endwert erreicht worden wäre (Effektivverzinsung). Dieser lässt sich mittels Umstellung der Formel (B.12) berechnen:

$$K_n = K_0 \cdot (1 + i)^n$$

$$\Leftrightarrow \qquad (1 + i)^n = \frac{K_n}{K_0}$$

$$\Leftrightarrow \qquad i = \sqrt[n]{\frac{K_n}{K_0}} - 1 \qquad\qquad\text{(B.14)}$$

Für die Werte der Aufgabenstellung erhalten wir:

$$i = \sqrt[5]{\frac{11.876{,}59}{10.000{,}00}} - 1 = 3{,}50\ \%.$$

Bei unserem Anfangskapital K_0 von 10.000 EUR und dem in Teilaufgabe a) berechneten Endkapital K_n in Höhe von 11.876,59 EUR führt eine jährliche Verzinsung von 3,5 % bei fünf Jahren Laufzeit zu dem gleichen Endwert.

Aufgabe 6   Finanzmathematik IV

a) Hier wird das **Anfangskapital** K_0 bei einem gegebenen Zinssatz von 6 %, einer Laufzeit von zehn Jahren sowie einem Endkapital von 31.876,96 EUR gesucht. Dieses können wir mit Formel (B.13) zur Abzinsung berechnen:

$$K_0 = 31.876{,}96 \cdot (1 + 6\ \%)^{-10} = 17.799{,}93.$$

b) Hier ist die durchschnittliche jährliche **Rendite** i bei einem vorgegebenen Anfangskapital K_0 von 1.000 EUR sowie Endkapital K_n von 2.100 EUR und bei einer Laufzeit von drei Jahren gesucht. Hierfür verwenden wir Formel (B.14):

$$i = \sqrt[3]{\frac{2.100}{1.000}} - 1 = 28{,}06\ \%.$$

Aufgabe 7   Finanzmathematik V

Um die **Laufzeit** n zu berechnen, greifen wir auf die Formel (B.12) für K_n zurück und stellen diese unter Berücksichtigung der Logarithmus-Rechenregeln nach der nun Unbekannten n um:

$$K_n = K_0 \cdot (1+i)^n \qquad\qquad | \div K_0$$

$$\Leftrightarrow \qquad \frac{K_n}{K_0} = (1+i)^n \qquad\qquad | \ln$$

$$\Leftrightarrow \qquad \ln\left(\frac{K_n}{K_0}\right) = \ln(1+i)^n$$

$$\Leftrightarrow \qquad n \cdot \ln(1+i) = \ln K_n - \ln K_0 \qquad\qquad | \div \ln(1+i)$$

$$\Leftrightarrow \qquad n = \frac{\ln K_n - \ln K_0}{\ln(1+i)}. \qquad\qquad\qquad\qquad\qquad (B.15)$$

Dann setzen wir die Werte unserer Aufgabenstellung ein:

$$n = \frac{\ln 32.577{,}89 - \ln 20.000}{\ln(1+5\,\%)} = 10{,}00.$$

Somit dauert es zehn Jahre, bis das anfängliche Kapital von 20.000 EUR bei einer jährlichen Verzinsung von 5 % auf 32.577,89 EUR angewachsen ist.

Aufgabe 8   Finanzmathematik VI

a) Hier ist der **Endwert** der einzelnen Einzahlungen durch Aufzinsung zu berechnen. Der Betrachtungszeitraum beträgt insgesamt sieben Jahre, wobei Einzahlungen des Großvaters zu den Zeitpunkten $t = 0$, $t = 2$ sowie $t = 5$ erfolgen. Beginnen wir mit der ersten Einzahlung von 2.000 EUR im heutigen Zeitpunkt $t = 0$, deren Endwert nach sieben Jahren sich mit der bekannten Formel (B.12) wie folgt ergibt:

$$K_n = 2.000 \cdot (1+2\,\%)^7 = 2.297{,}37.$$

Die zweite Zahlung in Höhe von 2.000 EUR nach zwei Jahren ist nur noch um fünf Jahre aufzuzinsen, womit wir erhalten:

$$2.000 \cdot (1+2\,\%)^5 = 2.208{,}16.$$

Die letzte Zahlung in Höhe von 4.000 EUR nach fünf Jahren ist schließlich noch um zwei Jahre aufzuzinsen:

$$4.000 \cdot (1+2\,\%)^2 = 4.161{,}60.$$

Das Endvermögen des Enkels auf dem Sparbuch ergibt sich dann als Summe der einzelnen Endwerte mit:

$$2.297,37 + 2.208,16 + 4.161,60 = 8.667,13.$$

Alternativ lässt sich das Endvermögen auch durch Betrachtung der jährlichen Einzahlungen und Zinsen berechnen. Tabelle B.4 veranschaulicht diese Vorgehensweise, mit der wir das identische Endkapital erhalten.

Jahr	Anfangsbestand	Einzahlung	Zinszahlung	Endbestand
0		2.000,00		2.000,00
1	2.000,00		40,00	2.040,00
2	2.040,00	2.000,00	40,80	4.080,80
3	4.080,80		81,62	4.162,42
4	4.162,42		83,25	4.245,66
5	4.245,66	4.000,00	84,91	8.330,58
6	8.330,58		166,61	8.497,19
7	8.497,19		169,94	8.667,13

Tabelle B.4. *Entwicklung des Kontostands*

b) Das Endvermögen kann zum einen durch Modifizierung der Tabelle B.4 um die Auszahlung im dritten Jahr ermittelt werden (siehe Tabelle B.5).

Jahr	Anfangsbestand	Einzahlung	Auszahlung	Zinszahlung	Endbestand
0		2.000,00			2.000,00
1	2.000,00			40,00	2.040,00
2	2.040,00	2.000,00		40,80	4.080,80
3	4.080,80		−500,00	81,62	3.662,42
4	3.662,42			73,25	3.735,66
5	3.735,66	4.000,00		74,71	7.810,38
6	7.810,38			156,21	7.966,59
7	7.966,59			159,33	8.125,92

Tabelle B.5. *Entwicklung des Kontostands (modifiziert)*

Alternativ kann auch einfach berechnet werden, welchen Endwert die im dritten Jahr erfolgte Abhebung im Endzeitpunkt $t = 7$ gehabt hätte. Um diesen Betrag ist das in Teilaufgabe a) berechnete Endvermögen zu kürzen. Um den Endwert zu berechnen, zinsen wir die Zahlung von 500 EUR um vier Jahre auf:

$$500 \cdot (1 + 2\,\%)^4 = 541,22.$$

Das Endvermögen nach sieben Jahren fällt somit durch die Abhebung um 541,22 EUR geringer aus und beträgt:

$$8.667,13 - 541,22 = 8.125,91.$$

Aufgabe 9   Rentenrechnung I

a) Hier ist die **Rentenrate** r bei einem gegebenen Rentenbarwert R_0 von 40.000 EUR, einem Zinssatz von 2 % und einer Laufzeit von vier Jahren zu berechnen. Für die Berechnung der Rentenrate bildet die Formel des Rentenbarwerts R_0 den Ausgangspunkt:

$$R_0 = r \cdot \frac{(1+i)^n - 1}{(1+i)^n \cdot i}, \qquad (\text{B.16})$$

wobei $\frac{(1+i)^n - 1}{(1+i)^n \cdot i}$ auch als **Rentenbarwertfaktor** bezeichnet wird. Mit diesem Faktor ist eine gegebene Rentenrate r zu multiplizieren, um den Barwert der Rente über eine bestimmte Laufzeit n bei einem Zinssatz i zu erhalten.

In unserem Fall ist nun die Rentenrate gesucht. Wir lösen die Formel (B.16) dazu nach r auf:

$$R_0 = r \cdot \frac{(1+i)^n - 1}{(1+i)^n \cdot i} \qquad | \cdot [(1+i)^n \cdot i]$$

$$\Leftrightarrow \qquad R_0 \cdot (1+i)^n \cdot i = r \cdot (1+i)^n - 1 \qquad | \div [(1+i)^n - 1]$$

$$\Leftrightarrow \qquad r = R_0 \cdot \frac{(1+i)^n \cdot i}{(1+i)^n - 1}. \qquad (\text{B.17})$$

Der Faktor $\frac{(1+i)^n \cdot i}{(1+i)^n - 1}$ wird auch als **Wiedergewinnungsfaktor** bezeichnet. Mit diesem Faktor ist ein gegebener Barwert zu multiplizieren, um die zugehörige Rentenrate zu erhalten.

Für die Werte unserer Aufgabenstellung erhalten wir:

$$r = 40.000 \cdot \frac{(1 + 2\,\%)^4 \cdot 2\,\%}{(1 + 2\,\%)^4 - 1} = 10.504{,}95.$$

Wir können folglich vier Jahre lang jeweils am Jahresende 10.504,95 EUR entnehmen, damit das Geld während unserer „Auszeit" genau ausreicht.

b) Das jeweils am Jahresende vorhandene Guthaben ergibt sich aus dem Anfangskapital der jeweiligen Periode zzgl. der Zinsen auf das jeweils angelegte Kapital abzgl. der in Aufgabenteil a) berechneten Entnahme in Höhe von 10.504,95 EUR. Zur Berechnung der Zinsen multiplizieren wir das Guthaben am Ende der Vorperiode mit dem Zinssatz von 2 %. Damit können wir die Entwicklung des Guthabens gemäß Tabelle B.6 aufstellen.

	0	1	2	3	4
Guthaben Periodenbeginn		40.000,00	30.295,05	20.396,00	10.298,97
Zinsen (2 %)		800,00	605,90	407,92	205,98
Entnahme		10.504,95	10.504,95	10.504,95	10.504,95
Guthaben Periodenende	40.000,00	30.295,05	20.396,00	10.298,97	0,00

Tabelle B.6. *Entwicklung des Guthabens*

Das Guthaben ist nach Ablauf der vier Jahre genau auf null zurückgegangen – die in Aufgabenteil a) berechnete Entnahme kann also tatsächlich jedes Jahr realisiert werden.

c) Zur Lösung dieser Teilaufgabe gehen wir analog zu den beiden vorherigen Aufgabenabschnitten vor, jedoch mit einem abweichenden Zinssatz von 4 %.

Zunächst berechnen wir die Höhe der neuen Rentenrate r:

$$r = 40.000 \cdot \frac{(1 + 4\,\%)^4 \cdot 4\,\%}{(1 + 4\,\%)^4 - 1} = 11.019{,}60.$$

Die Erhöhung des Zinssatzes hat zu einer gestiegenen Rentenrate geführt, da nun höhere Zinserträge generiert werden und infolgedessen ein höherer Betrag entnommen werden kann.

Die Entwicklung des Guthabens ergibt sich damit gemäß der folgenden Tabelle B.7.

	0	1	2	3	4
Guthaben Periodenbeginn		40.000,00	30.580,40	20.784,01	10.595,77
Zinsen (4 %)		1.600,00	1.223,22	831,36	423,83
Entnahme		11.019,60	11.019,60	11.019,60	11.019,60
Guthaben Periodenende	40.000,00	30.580,40	20.784,01	10.595,77	0,00

Tabelle B.7. *Entwicklung des Guthabens (Zinssatz von 4 %)*

Aufgabe 10   Rentenrechnung II

a) Um eine Beurteilung vornehmen zu können, welche Alternative für uns vorteilhafter ist, müssen wir die Optionen A1 und A2 vergleichbar machen. Dazu ist entweder die Sofortauszahlung A1 in eine **Rentenrate** über 20 Jahre umzurechnen oder die jährliche Zahlung A2 ist in einen **Rentenbarwert** zu transformieren. Für welche Berechnung wir uns entscheiden, ist für die Beurteilung irrelevant.

Beginnen wir mit der ersten Variante und berechnen, welche jährliche Zahlung (Rentenrate) wir aus der Sofortauszahlung in Höhe von 150.000 EUR bei einem Zinssatz von 4 % über 20 Jahre (Laufzeit der Option A2) finanzieren könnten. Finanzmathematisch ist also die Rentenrate bei gegebenem Rentenbarwert gesucht. Dazu multiplizieren wir gemäß (B.17) den heutigen Wert von 150.000 EUR mit dem Wiedergewinnungsfaktor:

$$r^{A1} = 150.000 \cdot \frac{(1 + 4\,\%)^{20} \cdot 4\,\%}{(1 + 4\,\%)^{20} - 1} = 11.037{,}26.$$

Verglichen mit der Option A2 (10.000 EUR jährliche Zahlung) stellen wir uns durch A1 somit besser.

Zur selben Entscheidung kommen wir, wenn wir den Rentenbarwert der 20 Zahlungen von 10.000 EUR der Option A2 berechnen. Der Barwert der Rentenzahlung ergibt sich gemäß (B.16), indem die Rentenrate r mit dem Rentenbarwertfaktor multipliziert wird:

$$R_0^{A2} = 10.000 \cdot \frac{(1 + 4\,\%)^{20} - 1}{(1 + 4\,\%)^{20} \cdot 4\,\%} = 135.903{,}26.$$

Auch hier fällt unsere Entscheidung zugunsten der Option A1 aus, welche mit 150.000 EUR einen höheren Barwert aufweist.

b) Hier ist diejenige **Rentenrate** r für Option A2 zu bestimmen, die zum Rentenbarwert von 150.000 EUR (Option A1) führt, so dass beide Alternativen finanzmathematisch identisch sind. Dazu ist der Rentenbarwert mit dem Wiedergewinnungsfaktor zu multiplizieren. Die Berechnung haben wir bereits in Teilaufgabe a) durchgeführt und eine Rentenrate in Höhe von 11.037,26 EUR erhalten.

Aufgabe 11   Rentenrechnung III

a) Die Zahlungsreihe stellt finanzmathematisch eine Rente dar und kann somit wieder mittels Rentenrechnung behandelt werden. Der Rentenbarwert R_0 der Rente ergibt sich gemäß (B.16) durch Multiplikation der Rentenrate r mit dem Rentenbarwertfaktor. Für eine Rentenlaufzeit von sieben Jahren und einem Zinssatz von $2\,\%$ erhalten wir mit einer Rentenrate von 800 EUR:

$$R_0 = 800 \cdot \frac{(1 + 2\,\%)^7 - 1}{(1 + 2\,\%)^7 \cdot 2\,\%} = 5.177{,}59.$$

b) Wenn die Zahlung der Rentenrate r nun **vorschüssig** erfolgt, fällt jede Rentenzahlung bereits zu Beginn einer jeweiligen Periode an und erfolgt damit gegenüber der oben analysierten **nachschüssigen** Rente eine Periode früher. Jede Rentenrate ist somit auch um eine Periode weniger abzuzinsen. Anders ausgedrückt: Hat man die Rentenraten bereits wie in Teilaufgabe a) gemäß der nachschüssigen Rente abgezinst, so ist jede Zahlung wieder um eine Periode aufzuzinsen, d. h. mit dem Faktor $(1 + i)$ zu multiplizieren. Was für die einzelne Rentenrate gilt, das gilt auch für den gesamten Rentenbarwert. Der Rentenbarwert der vorschüssigen Rente ergibt sich somit, indem der Rentenbarwert der nachschüssigen Rente mit dem Faktor $(1 + i)$ aufgezinst wird:

$$R_0^{\text{vorschüssig}} = R_0^{\text{nachschüssig}} \cdot (1 + i). \tag{B.18}$$

Für unsere Aufgabenstellung erhalten wir:

$$R_0^{\text{vorschüssig}} = 5.177{,}59 \cdot (1 + 2\,\%) = 5.281{,}14.$$

Da die Zahlungen bei der **vorschüssigen** Rentenzahlung jeweils eine Periode früher anfallen, liegt deren Barwert über dem der nachschüssigen Rentenzahlung.

c) Beginnt die Rentenzahlung erst in zwei Jahren, so bezieht sich der in Teilaufgabe a) berechnete Rentenbarwert in Höhe von 5.177,59 EUR auf den Zeitpunkt $t = 2$. Um den Barwert per $t = 0$ zu berechnen, ist dieser Betrag um zwei Jahre zu diskontieren und wir erhalten:

$$5.177{,}59 \cdot (1 + 2\,\%)^{-2} = 4.976{,}54.$$

Dieser Wert liegt unter dem in Teilaufgabe a) ermittelten Barwert, da mit der Rentenzahlung erst zwei Jahre später begonnen wird und die späteren Zahlungen heute weniger wert sind.

Aufgabe 12   Rentenrechnung IV

a) Während sich der Kaufpreis in Höhe von 2.900 EUR auf den heutigen Zeitpunkt bezieht, fallen die Ratenzahlungen zu zukünftigen Zeitpunkten an, womit die Zahlungen der beiden Alternativen nicht vergleichbar sind. Um eine Vergleichbarkeit herzustellen, kann entweder die Ratenzahlung in einen **Barwert** umgerechnet werden, oder der aktuelle Kaufpreis kann in eine finanzmathematisch äquivalente **Rentenrate** über fünf Jahre transformiert werden. Für welche Methode wir uns entscheiden, ist für die Beurteilung irrelevant.

Im Folgenden berechnen wir den Rentenbarwert der Ratenzahlung, indem wir für eine Laufzeit von fünf Jahren und einen Zinssatz von 6 % die Rentenrate von 680 EUR gemäß (B.16) mit dem Rentenbarwertfaktor multiplizieren:

$$R_0 = 680 \cdot \frac{(1 + 6\,\%)^5 - 1}{(1 + 6\,\%)^5 \cdot 6\,\%} = 2.864{,}41.$$

Der berechnete Rentenbarwert liegt unter dem Kaufpreis von 2.900 EUR, womit die Ratenzahlung für Sie vorteilhaft ist. Anders ausgedrückt lässt sich sagen, dass Sie für die Finanzierung der zukünftigen Raten heute lediglich einen Betrag von 2.864,41 EUR einsetzen müssten – bei der sofortigen Kaufpreiszahlung wären es dagegen 2.900 EUR.

b) Der geleisteten Anzahlung tragen wir Rechnung, indem wir diese vom Kaufpreis der Uhr subtrahieren. So wissen wir, welchen restlichen Betrag wir durch die fünf Jahre lang zu zahlenden Raten abdecken müssen. Der verbleibende Kaufpreis beläuft sich auf:

$$2.900 - 500 = 2.400.$$

Nun berechnen wir die **Rentenrate** r, die über fünf Jahre bei einem Zinssatz von 6 % einem Rentenbarwert von 2.400 EUR entspricht. Dazu multiplizieren wir gemäß (B.17) den Barwert mit dem Wiedergewinnungsfaktor:

$$r = 2.400 \cdot \frac{(1 + 6\,\%)^5 \cdot 6\,\%}{(1 + 6\,\%)^5 - 1} = 569{,}75.$$

Bis zu einer Rate von 569,75 EUR ist die Finanzierung somit vorteilhaft, da der Rentenbarwert der Ratenzahlung in diesem Fall nicht über dem Kaufpreis bei sofortiger Zahlung liegt.

Aufgabe 13   Immobilienbewertung I

a) Die jährliche unendliche Pachtzahlung stellt finanzmathematisch eine **ewige Rente** dar. Für die Aufgabenstellung ist der **Rentenbarwert** R_0 dieser ewigen Rente zu berechnen. Dieser ergibt sich für eine Rentenrate r und einen Zinssatz i mit:

$$R_0 = \frac{r}{i}. \tag{B.19}$$

Für die Werte unserer Aufgabenstellung erhalten wir:

$$R_0 = \frac{2.000}{5\,\%} = 40.000.$$

Wenn wir unendlich lange eine jährliche Pacht von 2.000 EUR erhalten können, liegt der heutige finanzmathematische Wert unseres Grundstücks somit bei 40.000 EUR.

Der hier berechnete Wert mag einem zunächst äußerst theoretisch vorkommen, da die Annahme der unendlichen Pachtzahlung natürlich eine **Fiktion** darstellt: Vermutlich wird jeder Zahlungsstrom irgendwann einmal versiegen. In der Praxis geht man allerdings bei der Bewertung von langfristigen Vermögensgegenständen (wie insbesondere Unternehmen) tatsächlich oftmals von dieser Fiktion aus. Selbst wenn die tatsächliche Laufzeit erheblich kürzer als „unendlich" ausfällt, macht man dabei keinen allzu großen Fehler, da der Barwert von weit in der Zukunft liegenden Zahlungen äußerst gering ist. Betrachtet man beispielsweise eine einzelne Pachtzahlung von 2.000 EUR in 100 Jahren, so beträgt deren heutiger Barwert gerade einmal rund 15 EUR ($2.000 \cdot 1{,}05^{-100}$) und spielt, verglichen mit dem Barwert von 40.000 EUR, kaum noch eine Rolle.

b) Steigen die Rentenraten mit einer konstanten **Wachstumsrate** g, können wir die modifizierte Formel zur Berechnung des Rentenbarwerts nutzen:

$$R_0 = \frac{r}{i - g}. \tag{B.20}$$

Mit einer Wachstumsrate von $g = 2{,}5\,\%$ erhalten wir für unsere Aufgabenstellung:

$$R_0 = \frac{2.000}{5\,\% - 2{,}5\,\%} = 80.000.$$

c) Hier liegen nun zwei unterschiedliche Rentenzahlungen vor: eine konstante jährliche Zahlung in Höhe von 2.000 EUR über zehn Jahre sowie eine ewige Rente nach Ablauf von zehn Jahren, d. h. mit Beginn in $t = 11$. Wir ermitteln beide **Rentenbarwerte** separat und addieren diese anschließend.

Zunächst berechnen wir den Rentenbarwert R_0 für die ersten zehn Jahre mit den vertraglich vereinbarten Zahlungen in Höhe von 2.000 EUR. Dazu multiplizieren wir die Rentenrate gemäß (B.16) mit dem entsprechenden Rentenbarwertfaktor:

$$R_0 = 2.000 \cdot \frac{(1 + 5\,\%)^{10} - 1}{(1 + 5\,\%)^{10} \cdot 5\,\%} = 15.443,47.$$

Als zweite Rechnung ermitteln wir den Rentenbarwert der ewigen Rente zum Zeitpunkt $t = 10$ für die Zahlungen beginnend in $t = 11$. Das Ergebnis entspricht der Berechnung in Teilaufgabe b), da auch diese Rente unendlich lange gezahlt wird:

$$R_{10} = \frac{2.000}{5\,\% - 2{,}5\,\%} = 80.000.$$

(*Exkurs: Wer sich daran stört, dass wir gegenüber Teilaufgabe b) den identischen Barwert erhalten, obwohl diese Rente offenbar zehn Perioden weniger oft gezahlt wird, der sei auf die Überlegungen zur Unendlichkeit des Göttinger Mathematikers Daniel Hilbert (1862–1943) und dessen Gedankenexperiment „Hilberts Hotel" verwiesen*).

Bevor wir beide Zahlungen addieren können, müssen wir noch den Barwert der ewigen Rente, der sich aktuell auf den Zeitpunkt $t = 10$ bezieht, auf den Zeitpunkt $t = 0$ diskontieren:

$$R_0 = 80.000 \cdot (1 + 5\,\%)^{-10} = 49.113,06.$$

Der finanzmathematische Wert des Grundstücks zum heutigen Zeitpunkt ergibt sich schließlich durch Addition der beiden Rentenbarwerte:

$$15.443,47 + 49.113,06 = 64.556,53.$$

Aufgabe 14   Stiftungsvermögen

a) Der gesuchte Betrag, der jährlich dauerhaft entnehmbar ist, ohne zu einer Abnahme des Stiftungsvermögens zu führen, lässt sich berechnen, indem die **Rentenrate** r einer **ewigen Rente** ermittelt wird. Hierfür wird die Formel (B.19) für den Rentenbarwert der ewigen Rente nach r aufgelöst:

$$R_0 = \frac{r}{i},$$
$$\Leftrightarrow \qquad\qquad r = R_0 \cdot i. \qquad\qquad\qquad\qquad (B.21)$$

Die Formel ist auch ökonomisch unmittelbar nachvollziehbar: Wollen wir ein anfängliches Vermögen in Höhe von R_0 nicht reduzieren, so können wir dauerhaft nur die Zinsen auf den Anlagebetrag, nämlich $R_0 \cdot i$, entnehmen. Beziehen wir die Formel auf unsere Aufgabenstellung mit $i = 5{,}5\,\%$ und $R_0 = 12.000.000$ EUR, so erhalten wir:

$$r = 12.000.000 \cdot 5{,}5\,\% = 660.000.$$

Es können folglich dauerhaft jährlich 660.000 EUR entnommen werden, ohne dass sich das Stiftungsvermögen verringert.

b) Hier ist nun die Rendite bzw. der Zinssatz i einer ewigen Rente bei gegebener Rentenrate (750.000 EUR) und gegebenem Rentenbarwert (12.000.000) gesucht. Dazu stellen wir (B.19) nach dem Zinssatz i um:

$$R_0 = \frac{r}{i}$$
$$\Leftrightarrow \qquad i = \frac{r}{R_0}. \qquad\qquad (B.22)$$

Mit den Werten unserer Aufgabe erhalten wir:

$$i = \frac{750.000}{12.000.000} = 6{,}25\,\%.$$

Um die jährlichen Ausgaben der Stiftung in Höhe von 750.000 EUR dauerhaft aus der Anlage des Stiftungsvermögens decken zu können, müsste der Fondsmanager folglich eine Rendite von 6,25 % p. a. realisieren.

Aufgabe 15   Immobilienverkauf

a) Da sich die Zahlungen der Angebote auf unterschiedliche Zeitpunkte beziehen, sind diese in der vorliegenden Form nicht vergleichbar. Für die Entscheidungsfindung ist daher die Vergleichbarkeit herzustellen, indem die Zahlungen durch Auf- bzw. Abzinsen auf einen **einheitlichen Zeitpunkt** bezogen werden (man spricht mitunter auch von „gleichnamig machen").

Tabelle B.8 stellt die Zahlungsstruktur der Angebote dar.

	0	1	2	3	4	5
(i.)	500.000					
(ii.)						600.000
(iii.)	90.000	90.000	90.000	90.000	90.000	90.000
(iv.)		260.000		270.000		

Tabelle B.8. *Zahlungsstruktur der Angebotsalternativen*

Für welchen einheitlichen Zeitpunkt wir uns bei der Berechnung entscheiden, ist für die qualitative Beurteilung irrelevant. Der üblichen Konvention folgend, diskontieren wir hier die Zahlungen auf den Zeitpunkt $t = 0$, d. h., wir berechnen den **Barwert** der einzelnen Zahlungen und addieren diese für jedes Angebot, um den Barwert der jeweiligen Zahlungsreihe zu erhalten. Zur Berechnung des Barwerts einer einzelnen Zahlung, ist diese mit der bekannten Formel (B.13) abzuzinsen.

Für unsere Zahlungen erhalten wir mit $i = 4\,\%$ folgende Barwerte (BW):

	$\sum$ **BW**	0	1	2	3	4	5
(i.)	**500.000,00**	500.000,00					
(ii.)	**493.156,26**						493.156,26
(iii.)	**490.664,01**	90.000,00	86.538,46	83.210,06	80.009,67	76.932,38	73.973,44
(iv.)	**490.029,02**		250.000,00		240.029,02		

Tabelle B.9. *Barwert der Zahlungen der Angebotsalternativen*

Exemplarisch betrachten wir die Berechnung des Barwerts für Alternative (iv.):

$$BW(iv.) = 260.000 \cdot (1 + 4\,\%)^{-1} + 270.000 \cdot (1 + 4\,\%)^{-3} = 490.029{,}02.$$

Als Verkäufer wählen wir jene Angebotsoption, die den **höchsten Barwert** aufweist. Bei den vorliegenden Ergebnissen entscheiden wir uns somit für Option (i.).

b) Hier ist jene Zahlung K_3 des Angebots (iv.) im dritten Jahr gesucht, bei welcher sich für die Angebote (iii.) und (iv.) ein identischer Barwert ergibt. Mit dem in Teilaufgabe a) berechneten Barwert der Zahlungen des Angebots (iii.) in Höhe von 490.664,01 EUR können wir die folgende Gleichung aufstellen:

$$490.664{,}01 = 260.000 \cdot (1 + 4\,\%)^{-1} + K_3 \cdot (1 + 4\,\%)^{-3}.$$

Lösen wir die Gleichung nach K_3 auf, erhalten wir

$$K_3 = 270.714{,}28$$

für die Zahlung des Angebots (iv.) im dritten Jahr.

Aufgabe 16   Darlehen I

a) Das vorliegende Darlehen wird auch als **Annuitätendarlehen** bezeichnet, da der **Kapitaldienst** (Zins und Tilgung) in jeder Periode identisch ist und die Zahlungsreihe somit eine Annuität bzw. Rente darstellt. Für die Aufgabenstellung ist nun jene **Rentenrate** gesucht, die bei einer Laufzeit von vier Jahren und einem jährlichen Zinssatz von 5 % zu einem Barwert von 100.000 EUR führt. Wird diese Rentenrate jährlich gezahlt, so sollte das Darlehen inkl. Zinsen über die Laufzeit vollständig bedient werden können. Zur Berechnung der Rentenrate r wird gemäß (B.17) der Barwert mit dem **Wiedergewinnungsfaktor** multipliziert:

$$r = 100.000 \cdot \frac{(1 + 5\,\%)^4 \cdot 5\,\%}{(1 + 5\,\%)^4 - 1} = 28.201{,}18.$$

Die jeweils am Jahresende zu zahlende Rate beträgt somit 28.201,18 EUR.

b) Die Höhe der am Jahresende geleisteten Zins- und Tilgungszahlungen sowie die verbleibende Restschuld lassen sich anhand eines **Tilgungsplans** veranschaulichen. Zur Berechnung der jeweiligen Tilgung müssen wir zunächst ermitteln, wie hoch der Zinsanteil Z_t der in Periode t gezahlten Rate r ist. Dieser ergibt sich, indem die Restschuld des Vorjahres mit dem Zinssatz i multipliziert wird. Danach erhält man die Tilgungsleistung T_t des jeweiligen Jahres t als Differenz von konstanter Rentenrate r und gezahlten Zinsen Z_t:

$$T_t = r - Z_t. \tag{B.23}$$

Die **Restschuld** erhalten wir, indem wir von der Restschuld des Vorjahres die Tilgungszahlung der laufenden Periode subtrahieren.

Aus den Werten der Aufgabenstellung resultiert der folgende Tilgungsplan gemäß Tabelle B.10.

	0	1	2	3	4
Restschuld	100.000,00	76.798,82	52.437,57	26.858,27	0,00
Kapitaldienst		28.201,18	28.201,18	28.201,18	28.201,18
Zinszahlung		5.000,00	3.839,94	2.621,88	1.342,91
Tilgung		23.201,18	24.361,24	25.579,30	26.858,27

Tabelle B.10. *Tilgungsplan des Annuitätendarlehens*

Der Zinsanteil am Kapitaldienst sinkt mit abnehmender Restschuld im Zeitablauf – entsprechend steigt bei konstanter Annuität die Tilgung, was kennzeichnend für das Annuitätendarlehen ist. Am Ende der Laufzeit ist das Darlehen tatsächlich vollständig getilgt.

c) Hier wird nun der Fall einer **Ratentilgung** betrachtet. Zur Berechnung der identischen jährlichen Tilgungsraten dividieren wir den Nominalbetrag des Darlehens in Höhe von 100.000 EUR durch die vier Jahre Laufzeit und kommen so auf einen jährlichen Tilgungsbetrag von $100.000 \div 4 = 25.000$ EUR. Damit ergibt sich der folgende Tilgungsplan:

	0	1	2	3	4
Restschuld	100.000,00	75.000,00	50.000,00	25.000,00	0,00
Kapitaldienst		30.000,00	28.750,00	27.500,00	26.250,00
Zinszahlung		5.000,00	3.750,00	2.500,00	1.250,00
Tilgung		25.000,00	25.000,00	25.000,00	25.000,00

Tabelle B.11. *Tilgungsplan des Darlehens bei Ratentilgung*

Bei der Ratentilgung sinkt nun der Kapitaldienst im Zeitablauf, da die Zinszahlungen mit abnehmender Restschuld sinken und gleichzeitig die Tilgung konstant bleibt.

Aufgabe 17   Darlehen II

a) Hier ist der **Barwert** der zukünftig vereinbarten Zins- und Tilgungszahlungen zu berechnen. Auf einem vollkommenen Markt ist dieser Barwert finanzmathematisch äquivalent mit der zukünftigen Zahlungsreihe und eine sofortige Tilgung in Höhe des Barwerts ist für den Kreditgeber nicht nachteilig. In der Realität werden Banken Schuldnern frühzeitige Tilgungen nicht bzw. nur unter Auflagen gestatten, da der Zinsertrag des Bankgeschäfts, abweichend vom vollkommenen Markt, nicht ohne Weiteres am Kapitalmarkt erzielt werden kann. Der Bank entsteht somit faktisch ein Nachteil durch die vorzeitige Tilgung.

Für unser Beispiel können wir jedoch die Zahlungen mit dem angegebenen Zinssatz von 6,5 % diskontieren und erhalten für den Barwert:

$$5.000 \cdot (1 + 6{,}5\,\%)^{-3} + 6.000 \cdot (1 + 6{,}5\,\%)^{-4} + 7.000 \cdot (1 + 6{,}5\,\%)^{-5} = 13.912{,}35.$$

Durch eine heutige Zahlung in Höhe von 13.912,35 EUR könnte der Schuldner folglich finanzmathematisch gesehen seine Schuld vollständig begleichen.

b) Hier sind jene identischen Zahlungen zum Zeitpunkt $t = 2$ und $t = 4$ gesucht, deren Barwerte dem in Teilaufgabe a) berechneten Barwert von 13.912,35 EUR entsprechen. Bezeichnen wir diese Zahlungen mit x, können wir die folgende Gleichung aufstellen:

$$x \cdot (1 + 6{,}5\,\%)^{-2} + x \cdot (1 + 6{,}5\,\%)^{-4} = 13.912{,}35.$$

Ausklammern und Umstellen nach x führt auf:

$$x \cdot \left[(1 + 6{,}5\,\%)^{-2} + (1 + 6{,}5\,\%)^{-4}\right] = 13.912{,}35$$
$$\Leftrightarrow \qquad x = 8.386{,}07.$$

Durch Zahlung von jeweils 8.386,07 EUR nach zwei sowie nach vier Jahren könnte der Schuldner somit finanzmathematisch sein Darlehen inkl. Zinsen bedienen.

Aufgabe 18   Immobilienbewertung II

a) Zur Beantwortung der Frage, ob der Kaufpreis finanzmathematisch gerechtfertigt erscheint, ist der Barwert der zukünftigen Nettozahlungen zu berechnen, die aus der Vermietung der Immobilie resultieren. Wir berechnen damit den so genannten **Ertragswert** der Immobilie.

Als jährliche (annahmegemäß konstante) Nettozahlung erhält der Investor die Gesamtmiete von 49.000 EUR abzgl. der Nebenkosten in Höhe von 10.000 EUR sowie der Auszahlungen für Betriebs- und Instandhaltungskosten in Höhe von 7.000 EUR.

Es verbleibt somit ein jährlicher Einzahlungsüberschuss von 32.000 EUR. Finanzmathematisch handelt es sich hier wieder um eine Rente, deren Barwert gemäß (B.16) mittels Rentenbarwertfaktor berechnet werden kann. Bei einem Zinsniveau von 2 % und der angegebenen Restnutzungsdauer von 40 Jahren erhalten wir:

$$R_0 = 32.000 \cdot \frac{(1 + 2\,\%)^{40} - 1}{(1 + 2\,\%)^{40} \cdot 2\,\%} = 875.375{,}34.$$

Der berechnete Ertragswert liegt deutlich unter dem angegebenen Kaufpreis von 1.100.000 EUR. Unter Gültigkeit der getroffenen Annahmen lässt sich dieser Kaufpreis somit nicht rechtfertigen.

Für ein Zinsniveau von 4 % ergibt sich entsprechend:

$$R_0 = 32.000 \cdot \frac{(1 + 4\,\%)^{40} - 1}{(1 + 4\,\%)^{40} \cdot 4\,\%} = 633.368{,}76.$$

Durch das höhere Zinsniveau sind die zukünftigen Zahlungen heute weniger wert und der Barwert sinkt. In diesem Fall erscheint der Kaufpreis noch weniger gerechtfertigt.

b) Für eine Abweichung des tatsächlichen Marktpreises der Immobilie vom finanzmathematisch berechneten Wert kann es mehrere Ursachen geben. Zum einen kann dies darin begründet sein, dass andere Marktteilnehmer die bewertungsrelevanten Parameter anders einschätzen. Abweichungen können sich insbesondere bzgl. des der Berechnung zugrunde liegenden Kalkulationszinssatzes sowie bei der Abschätzung zukünftiger Mietsteigerungen ergeben. Eine andere Ursache kann darin liegen, dass Anleger die Investition in die Immobilie als Spekulation ansehen und allein in der Hoffnung auf weitere Preissteigerungen einen höheren Marktpreis zu zahlen bereit sind. Schließlich werden Immobilien nicht nur als Anlage- bzw. Spekulationsobjekte erworben, sondern auch zur eigenen Nutzung. In diesem Fall determinieren persönliche Präferenzen den subjektiven Wert der Immobilie und beeinflussen über Angebot und Nachfrage am Immobilienmarkt den Marktpreis.

c) Hier ist zunächst jene **Rentenrate** r zu ermitteln, die über 40 Jahre zu einem Rentenbarwert in Höhe des Kaufpreises von 1.100.000 EUR führt. Um die notwendige Gesamtmiete zu erhalten, wird diese Nettozahlung anschließend um die Nebenkosten sowie die weiteren Betriebs- und Instandhaltungskosten erhöht.

Zur Berechnung der Rentenrate r ist der Kaufpreis (Rentenbarwert) gemäß (B.17) mit dem entsprechenden Wiedergewinnungsfaktor zu multiplizieren:

$$r = 1.100.000 \cdot \frac{(1 + 2\,\%)^{40} \cdot 2\,\%}{(1 + 2\,\%)^{40} - 1} = 40.211{,}32.$$

Addiert man zu der ermittelten Rentenrate die Nebenkosten in Höhe von jährlich 10.000 EUR sowie die weiteren Betriebs- und Instandhaltungskosten in Höhe von jährlich 7.000 EUR, erhält man jährliche Gesamtmieteinnahmen in Höhe von 57.211,32 EUR, die notwendig wären, um den Kaufpreis in Höhe von 1.100.000 EUR finanzmathematisch zu rechtfertigen. Verglichen mit dem aktuellen Niveau wäre somit eine erhebliche Mietsteigerung um fast 17 % notwendig.

Aufgabe 19   Kapitalisierung von Zahlungen

a) Die zukünftigen Zahlungen können heute mit ihrem **Barwert kapitalisiert** werden. Zur Barwertberechnung werden die beiden Zahlungen von jeweils 5,5 Mio. EUR zu den Zeitpunkten $t = 1$ und $t = 2$ auf den heutigen Zeitpunkt diskontiert:

$$K_0 = 5.500.000 \cdot (1 + 7\,\%)^{-1} + 5.500.000 \cdot (1 + 7\,\%)^{-2} = 9.944.099,92.$$

Obwohl der Käufer mit der Ratenzahlung nominell 11.000.000 EUR und damit rund 1 Mio. EUR mehr zahlen würde, liegt der Barwert dieser Zahlungen unter dem ursprünglich vereinbarten Kaufpreis von 10.000.000 EUR. Aus der Perspektive des Anlagenbauers ist die Alternative der Ratenzahlung somit nicht vorteilhaft.

b) „**Kapitalisieren**" steht in diesem Kontext für die Umwandlung der zukünftigen Zahlungen in heutige Liquidität. Dazu erfolgt eine heutige Kreditaufnahme in Höhe des berechneten Barwerts von 9.944.099,92 EUR, über den der Anlagenbauer nun unmittelbar verfügen kann. Mit den beiden zukünftigen Ratenzahlungen von jeweils 5.500.000 EUR in $t = 1$ und $t = 2$ wird anschließend der Kredit einschließlich Zinsen bedient, so dass die Restschuld nach Ablauf des zweiten Jahres vollständig getilgt ist. Damit hätte der Anlagenbauer den Barwert der zukünftigen Zahlungen heute verfügbar gemacht („kapitalisiert"). Tabelle B.12 zeigt die Zahlungskonsequenzen in Form von Zinsen und Tilgung des aufgenommenen Kredits.

	0	1	2
Restschuld	9.944.099,92	5.140.186,92	0,00
Kapitaldienst		5.500.000,00	5.500.000,00
Zinsen		696.086,99	359.813,08
Tilgung		4.803.913,01	5.140.186,92

Tabelle B.12. *Kapitalisierung der Ratenzahlung*

Für den Kapitaldienst des aufgenommenen Darlehens stehen dem Anlagenbauer die beiden Ratenzahlungen in Höhe von jeweils 5.500.000 EUR zur Verfügung. Die Tilgung ergibt sich als Differenz zwischen dem gesamten Kapitaldienst und den zu zahlenden Zinsen. Die Zinsen erhält man, indem der Zinssatz von 7 % auf die Restschuld des Vorjahres bezogen wird. Die Tabelle zeigt, dass die Restschuld durch die zukünftigen Ratenzahlungen tatsächlich vollständig getilgt werden kann.

c) Hier ist diejenige Zahlung K_2 im Zeitpunkt $t = 2$ gesucht, deren Barwert zusammen mit den zwei weiteren bekannten Zahlungen des alternativen Zahlungsplans dem Kaufpreis von 10.000.000 EUR entspricht (vgl. Tabelle B.13).

0	1	2
2.000.000	5.000.000	$K_2 = ?$

Tabelle B.13. *Modifizierter Zahlungsplan*

Wir können somit folgende Gleichung aufstellen:

$$2.000.000 + 5.000.000 \cdot (1 + 7\,\%)^{-1} + K_2 \cdot (1 + 7\,\%)^{-2} = 10.000.000$$

und nach K_2 auflösen:

$$\Leftrightarrow \quad 2.000.000 + 4.672.897{,}20 + K_2 \cdot (1 + 7\,\%)^{-2} = 10.000.000$$
$$\Leftrightarrow \quad 6.672.897{,}20 + K_2 \cdot (1 + 7\,\%)^{-2} = 10.000.000 \qquad |-6.672.289{,}20$$
$$\Leftrightarrow \quad K_2 \cdot (1 + 7\,\%)^{-2} = 3.327.102{,}80 \qquad |\div (1 + 7\,\%)^{-2}$$
$$K_2 = 3.809.200{,}00.$$

Die Zahlung im zweiten Jahr müsste somit 3.809.200 EUR betragen, damit die Variante der Ratenzahlung mit der Variante des ursprünglich vereinbarten (sofort zahlbaren) Kaufpreises finanzmathematisch äquivalent ist.

Aufgabe 20 Fisher-Modell

a) Der Punkt P_2 entspricht einem Gegenwartskonsum von 65.000 EUR (siehe Abb. B.2). Die Höhe der Realinvestitionen ergibt sich als Differenz von im Zeitpunkt $t = 0$ ingesamt vorhandenem Budget (80.000 EUR) und Gegenwartskonsum. Für das Beispiel kann somit noch ein Betrag von 15.000 in $t = 0$ investiert werden. Das zukünftige Vermögen W_1 entspricht den Rückflüssen aus den Realinvestitionen, welche sich am zugehörigen Ordinatenwert der Transformations- bzw. Realinvestitionskurve ablesen lassen. Für unser Beispiel erhalten wir gemäß der Realinvestitionskurve aus der heutigen Investition von 15.000 EUR in der nächsten Periode $t = 1$ Rückflüsse von 40.000 EUR.

Der Schnittpunkt der Transformationskurve mit der Abszisse korrespondiert mit einem Gegenwartskonsum von 80.000 EUR und einer Realinvestition von 0 EUR. Da keine Investitionen getätigt werden, beläuft sich das zukünftige Vermögen W_1 auf 0 EUR.

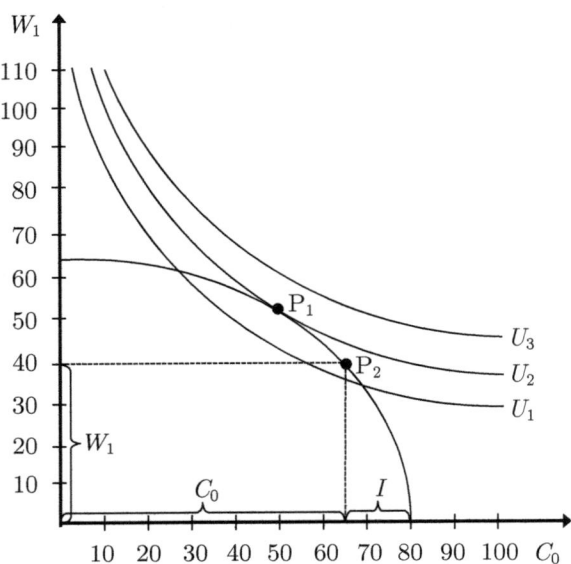

Abbildung B.2. *Investitions- und Konsumentscheidung für Punkt P_2*

b) Investitions- und Konsumkombinationen unterhalb der Transformationskurve sind
   grundsätzlich realisierbar, allerdings nicht effizient. Solche Kombinationen würden
   implizieren, dass der Anleger das nach Gegenwartskonsum verbleibende Kapital
   weniger ertragreich investiert (also zu geringeren Rückflüssen) als gemäß Realinvestitionskurve möglich. Sein Nutzen würde damit geringer ausfallen als bei Kombinationen von Investition und Konsum, die auf der Transformationskurve liegen.
   Oberhalb der Transformationskurve sind dagegen keine Kombinationen möglich;
   die Transformationskurve stellt somit den effizienten Rand der Möglichkeiten dar.

c) Allgemein geben **Indifferenzkurven** Kombinationen gleichen Nutzens an – in unserem Fall handelt es sich um Kombinationen des gegenwärtigen Konsums C_0 und
   des zukünftigen Vermögens W_1. Je höher die Position der Indifferenzkurve, desto
   höher ist der damit verbundene Nutzen. Um eine Nutzenmaximierung zu erreichen, ist folglich eine möglichst hohe Indifferenzkurve anzustreben. Die höchste
   erreichbare Indifferenzkurve entspricht nun jener Indifferenzkurve, welche die
   Transformationskurve gerade tangiert – ein höheres Nutzenniveau ist nicht mehr
   möglich, da Kombinationen oberhalb der Transformationskurve nicht realisierbar
   sind. Für unsere Aufgabe tangiert die Indifferenzkurve U_2 die Transformationskurve im Punkt P_1, welcher somit das optimale Investitions- und Konsumprogramm
   angibt. Der optimale Gegenwartskonsum C_0 beläuft sich damit auf 50.000 EUR

(siehe Abb. B.3). Mithin verbleiben 30.000 EUR für Realinvestitionen, welche zu Rückflüssen im Zeitpunkt $t = 1$ in Höhe von ca. 52.000 EUR führen.

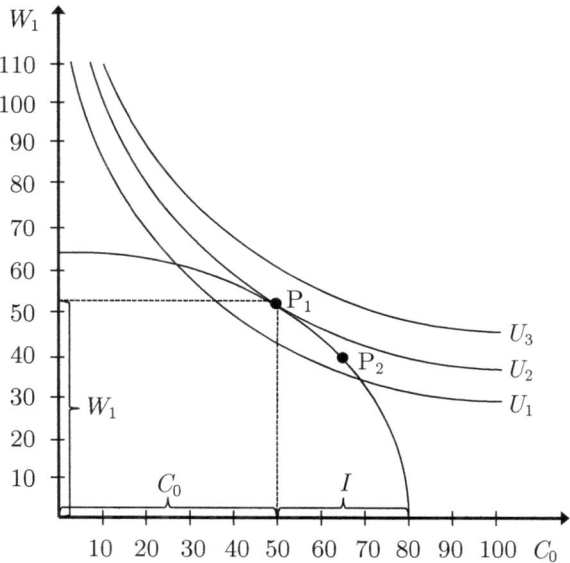

Abbildung B.3. *Optimales Investitions- und Konsumprogramm*

Die Investitionsentscheidung ist damit von den Konsumpräferenzen des Anlegers abhängig. Ein anderer Anleger mit abweichenden Präferenzen, ausgedrückt durch andere Indifferenzkurven, würde ein abweichendes Realinvestitionsprogramm präferieren. Daraus können Konflikte entstehen, etwa wenn in einem Unternehmen mehrere Investoren mit abweichenden Präferenzen Investitionsentscheidungen treffen.

d) Transaktionen am vollkommenen Kapitalmarkt (Geldanlagen bzw. Geldaufnahmen) können in dem Modell durch eine Gerade (**Kapitalmarktkurve**) mit einer konstanten Steigung von $-(1+r)$ repräsentiert werden. Exemplarisch zeichnen wir diese Gerade für einen Zinssatz von $r = 10\,\%$ ausgehend von dem Budget in Höhe von 80.000 EUR in die Grafik ein (siehe die gestrichelte Linie in Abb. B.4) Mit einem Zinssatz von $10\,\%$ beträgt die Steigung folglich $-1{,}10$, womit wir bei einer vollständigen Investition der 80.000 EUR am Kapitalmarkt Rückflüsse in Höhe von 88.000 EUR im Zeitpunkt $t = 1$ erhalten würden.

Es erscheint nun allerdings wenig sinnvoll, das nicht für Gegenwartskonsum verwendete Kapital ausschließlich am Kapitalmarkt zu investieren: Die Steigung der Realinvestitionskurve ist zu Beginn deutlich steiler als die der Kapitalmarktkurve,

d. h., es lassen sich zumindest zu Beginn höhere Renditen aus den Realinvestitionen erzielen (die Realinvestitionskurve verläuft hier oberhalb der Kapitalmarktkurve). Mit zunehmenden Realinvestitionen nehmen deren Renditen allerdings ab. Insofern mag es interessant sein, Realinvestitionen mit Geldanlagen bzw. -aufnahmen am Kapitalmarkt zu kombinieren (siehe nächste Teilaufgabe).

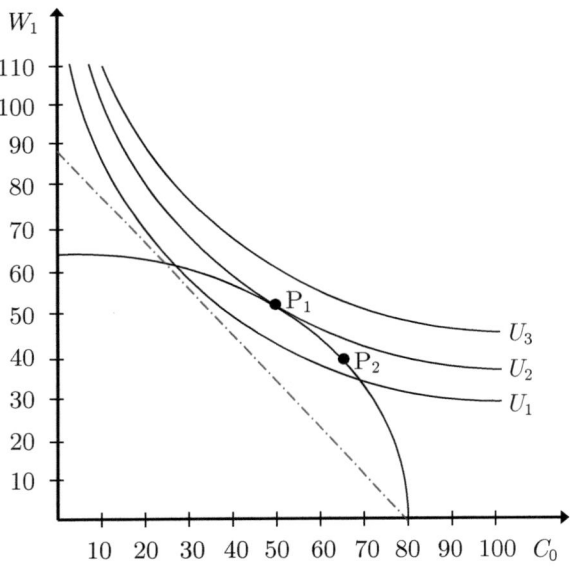

Abbildung B.4. *Realinvestitionskurve und Kapitalmarktkurve*

e) Mit den Transaktionsmöglichkeiten am Kapitalmarkt erhält man einen neuen effizienten Rand von Investitions- und Konsummöglichkeiten. Dazu schieben wir die in Abb. B.4 eingezeichnete Kapitalmarktkurve so weit nach oben, bis diese die Realinvestitionskurve gerade noch tangiert (siehe Abb. B.5). Der Tangentialpunkt P_2 stellt nun das **optimale Realinvestitionsprogramm** dar. In diesem Punkt sind die Steigungen von Kapitalmarktkurve und Realinvestitionskurve identisch, d. h., die Rendite der letzten in das Programm aufgenommenen Realinvestition entspricht gerade der Verzinsung am Kapitalmarkt. Weitere Realinvestitionen in das Programm aufzunehmen ist nicht sinnvoll, da deren Renditen geringer ausfallen, als die der Anlagemöglichkeit am Kapitalmarkt.

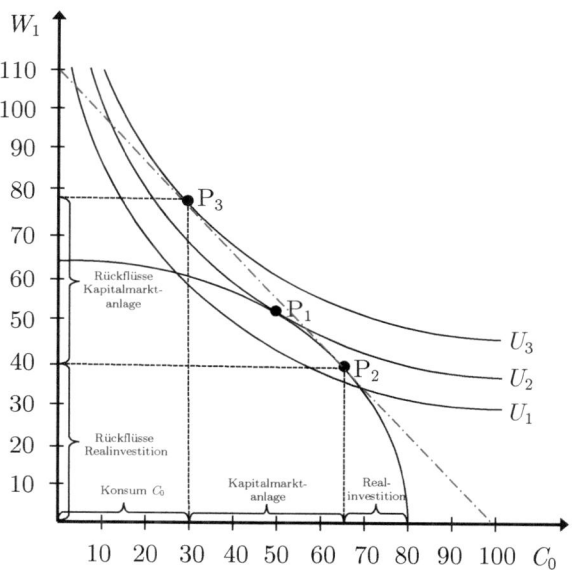

Abbildung B.5. *Optimales Investitions- und Konsumprogramm mit Kapitalmarkt*

Der Anleger kann sich nun ausgehend von dem optimalen Realinvestitionsprogramm gemäß seiner Präferenzen auf dem neuen effizienten Rand bewegen. Da in jedem Fall das durch P_2 gekennzeichnete Realinvestitionsprogramm realisiert wird, hat dies folgende Konsequenzen: Möchte der Anleger Kombinationen „rechts" von P_2 realisieren, d. h. mehr konsumieren als ihm nach den Realinvestitionen noch an Budget zur Verfügung steht, so ist dazu eine Geldaufnahme am Kapitalmarkt erforderlich. Die Verzinsung der Geldaufnahme ist hier geringer als alle in das Programm aufgenommenen Realinvestitionen. Möchte der Anleger dagegen Kombinationen „links" von P_2 realisieren, d. h. in $t = 0$ weniger konsumieren als ihm nach Realinvestitionen zur Verfügung steht, so tätigt er eine Geldanlage am Kapitalmarkt. Die Verzinsung der Geldanlage ist in diesem Bereich höher als die Renditen der nicht in das Programm aufgenommenen Realinvestitionen. Die Kapitalmarktkurve zeigt, wie hoch die Rückzahlung der Geldaufnahme bzw. die Rückflüsse aus der Kapitalmarktanlage im Zeitpunkt $t = 1$ sind.

Für unser Beispiel stellt der Punkt P_3 das optimale Konsumprogramm des Anlegers dar. Hier tangiert die Indifferenzkurve gerade die Kapitalmarktkurve. Der Punkt entspricht einem Gegenwartskonsum von 30.000 EUR und einem zukünftigen Vermögen von 78.500 EUR. Da der Punkt „links" von P_2 liegt, ist hier folglich eine zusätzlich Geldanlage am Kapitalmarkt zu tätigen. Um diesen Punkt zu erreichen, geht der Anleger im Zeitpunkt $t = 0$ wie folgt vor:

- Realinvestitionen über 15.000 EUR (Punkt P_2),
- Anlage am Kapitalmarkt von 35.000 EUR,
- Gegenwartskonsum von 30.000 EUR.

Daraus ergeben sich als Zahlungskonsequenzen in $t = 1$:

- Rückflüsse der Realinvestitionen von 40.000 EUR,
- Rückflüsse der Kapitalmarktanlage von 38.500 EUR (35.000 · 1,10),
- Vermögen W_1 von 40.000 + 38.500 = 78.500 EUR.

Die Entscheidung über das optimale Investitions- und Konsumprogramm unter Einbezug des Kapitalmarkts gliedert sich somit in zwei Schritte. Zunächst wird das optimale Realinvestitionsprogramm bestimmt. Dieses ist **unabhängig** von den Präferenzen der Anleger und wird allein durch die Verzinsung am Kapitalmarkt bestimmt: Es werden alle Realinvestitionsprojekte in das Programm aufgenommen, deren Rendite über der Verzinsung am Kapitalmarkt (= Opportunitätskosten) liegt. Erst in einem zweiten Schritt kommen die Präferenzen der Anleger ins Spiel: Ausgehend vom optimalen Realinvestitionsprogramm erzeugen sich die Anleger eine ihren Präferenzen am besten entsprechende Kombinationen von heutigem und zukünftigem Konsum durch individuelle Transaktionen am Kapitalmarkt. Damit gibt es selbst bei abweichenden Konsumpräferenzen nun keine Konflikte mehr – alle Anleger sind sich über das zu realisierende Realinvestitionsprogramm einig.

f) Steigt der Zinssatz am Kapitalmarkt, werden weniger Investitionsobjekte in das optimale Realinvestitionsprogramm aufgenommen: Es fallen nun alle Objekte aus dem Programm, deren Rendite unterhalb des höheren Kapitalmarktzinssatzes liegt. Grafisch kann man argumentieren, dass ein höherer Zinssatz eine steilere Kapitalmarktkurve zur Konsequenz hat, wodurch sich der Tangentialpunkt mit der Transformationskurve nach rechts verschiebt und folglich tatsächlich weniger Investitionsobjekte in das optimale Realinvestitionsprogramm aufgenommen werden.

g) Ein steilerer Verlauf der Indifferenzkurven bedeutet, dass für den Verzicht auf eine Einheit heutigen Konsums mehr zukünftiges Vermögen zum Ausgleich erforderlich ist. Damit würde dem heutigen Konsum eine höhere Präferenz beigemessen. Durch die steile Indifferenzkurve würde der Tangentialpunkt mit der Transformationskurve weiter rechts zu finden sein – der Anleger würde folglich tatsächlich mehr Gegenwartskonsum realisieren. Für das optimale Realinvestitionsprogramm ergeben sich keine Auswirkungen, da dieses unabhängig von den Präferenzen der Anleger ist und in unserem Beispiel stets dem Punkt P_2 entspricht.

h) Die zentrale Erkenntnis des Fisher-Modells ist die Separation von Investitions- und Konsumentscheidungen (**Fisher-Separationstheorem**). Danach ist das optimale Investitonsprogramm unabhägig von den zeitlichen Konsumpräferenzen der Kapitalgeber. Alle Kapitalgeber sind sich einig darüber, dass sämtliche Investitionen realisiert werden sollten, deren Rendite über der Verzinsung am Kapitalmarkt liegt.

Wie wir noch sehen werden, haben solche Investitionen einen positiven **Kapitalwert**. Dem Management kann somit eine klare Handlungsanweisung gegeben werden: Realisiere alle Investitionen, deren Rendite über den Opportunitätskosten liegt bzw. die einen positiven Kapitalwert aufweisen!

Aufgabe 21   Kapitalwertmethode (MünsterMetall)

a) Der **Kapitalwert** (Nettobarwert) einer Investition stellt die Summe aller über die Nutzungsdauer anfallenden und auf den Zeitpunkt $t = 0$ diskontierten zukünftigen Nettozahlungen (**Ertragswert** der Investition) abzüglich der anfänglichen Investitionsauszahlung dar. Bezeichnen wir Einzahlungen der Periode t mit E_t und Auszahlungen mit A_t, so gilt für den Kapitalwert KW_0 bei einem Kalkulationszinssatz von i und einer Nutzungsdauer des Investitionsobjekts von n Perioden:

$$KW_0 = \sum_{t=0}^{n}(E_t - A_t) \cdot (1+i)^{-t}. \qquad \text{(B.24)}$$

Für die Berechnung des Kapitalwerts sind somit in einem ersten Schritt die Nettozahlungen $(E_t - A_t)$ des Investitionsobjekts zu bestimmen, die sodann mit dem Abzinsungsfaktor $(1+i)^{-t}$ multipliziert und anschließend addiert werden. Es gelten folgende Entscheidungsregeln:

- Ein Investitionsobjekt ist **absolut vorteilhaft**, falls sein Kapitalwert positiv ist.

- Ein Investitionsobjekt ist **relativ vorteilhaft**, falls sein Kapitalwert den eines jeden anderen zur Wahl stehenden Objekts übersteigt.

Für die Lösung unserer Aufgabenstellung empfiehlt sich eine tabellarische Zusammenstellung der jeweiligen Ein- und Auszahlungen, die anschließend zur **Nettozahlungsreihe** verdichtet werden. In dieselbe Tabelle lässt sich auch der periodenspezifische Abzinsungsfaktor integrieren, um die Barwerte der Nettozahlungen und schließlich den Kapitalwert zu bestimmen. Die Kosteneinsparungen stellen dabei vermiedene Auszahlungen dar und können somit wie Einzahlungen mit einem positiven Vorzeichen behandelt werden. Tabelle B.14 gibt die entsprechenden Zahlungen und Barwerte an (Werte in TEUR).

Da der Kapitalwert der Investition negativ ausfällt (-765 TEUR), ist die absolute Vorteilhaftigkeit der Investition nicht gegeben. Bei Durchführung der Investition mit einem negativen Kapitalwert würde der Investor eine Vermögensminderung in Höhe des (negativen) Kapitalwerts erleiden.

	0	1	2	3	4	5	6	7	8
Kaufpreis	−20.000								
Liquidationserlöse		1.000							2.000
Einführungskosten		−1.500	−1.500						
Wartung		−600	−600	−600	−600	−600	−600	−600	−600
Kosteneinsparungen		4.000	4.000	4.000	4.000	4.000	4.000	4.000	4.000
Miete		240	240	240	240	240	240	240	240
Entfall Wartung (alt)		400	400	400	400	400	400	400	400
Nettozahlung	−20.000	3.540	2.540	4.040	4.040	4.040	4.040	4.040	6.040
Abzinsungsfaktor	1,000	0,893	0,797	0,712	0,636	0,567	0,507	0,452	0,404
Barwert	−20.000	3.161	2.025	2.876	2.567	2.292	2.047	1.827	2.439
Kapitalwert	−765,19								

Tabelle B.14. *Nettozahlungsreihe und Berechnung des Kapitalwerts*

b) Da das Ergebnis der Kapitalwertmethode nur so belastbar sein kann, wie die Annahmen, auf die sich die Berechnung stützt, sollte sich die Geschäftsführung nicht ausschließlich auf den in Teilaufgabe a) berechneten Kapitalwert verlassen. So unterliegen die geplanten Zahlungen naturgemäß einer **Unsicherheit**. Dies gilt für die vorliegende Aufgabenstellung vor allem hinsichtlich der zu erwartenden Kosteneinsparungen. Bei der Planung sollte stets mit dem wahrscheinlichsten Szenario gerechnet werden und die Zahlungen sollten somit unverzerrte Erwartungswerte darstellen. Die Gültigkeit dieser Annahme ist in jedem Fall bei der Bewertung der Ergebnisse noch einmal kritisch zu hinterfragen.

Selbst wenn die Zahlungen keiner Unsicherheit unterliegen, kann die Durchführung der Investition **weitere Auswirkungen** haben, die sich nicht hinreichend quantifizieren lassen und daher nicht in die Berechnung eingehen. Für die Aufgabenstellung ist etwa an eine Imageverbesserung aufgrund besserer Qualität der Erzeugnisse zu denken. Diese Imageverbesserung könnte wiederum indirekte Auswirkungen wie zukünftig höhere Absatzmengen und Absatzpreise nach sich ziehen. So könnte man auch argumentieren, dass der negative Kapitalwert seinerseits als Investition (in ein verbessertes Image) angesehen werden kann.

c) **Sensitivitätsanalysen** dienen zur Beantwortung der Frage, wie sich die Änderung eines Eingangsparameters auf eine Zielgröße (z. B. den Kapitalwert) auswirkt. Für den hier vorliegenden Fall suchen wir genau jene Änderung der Kosteneinsparungen, die zu einem Kapitalwert von null führt. Insofern handelt es sich hier um eine **Break-Even-Analyse** des Kapitalwerts bzgl. der Kosteneinsparungen.

Für eine effiziente Lösung wählen wir ein zweistufiges Vorgehen. Wir berechnen zunächst den Kapitalwert der Investition ohne die Kosteneinsparungen. Dieser Kapitalwert wird negativ sein, da bereits unter Berücksichtigung von Kosteneinsparungen in Teilaufgabe a) ein negativer Wert vorlag. In einem zweiten Schritt berechnen wir die notwendige jährliche Kosteneinsparung, so dass deren Barwert genau der absoluten Höhe des (negativen) Kapitalwerts entspricht und wir somit in Summe einen Kapitalwert von null erhalten.

Subtrahieren wir von den Nettozahlungen gemäß Tabelle B.14 die jährlichen Kosteneinsparungen von 4.000 TEUR, so erhalten wir die Cashflows vor Einsparung und können deren Barwerte berechnen (vgl. Tabelle B.15).

	0	1	2	3	4	5	6	7	8
CF vor Einsparungen	−20.000	−460	−1.460	40	40	40	40	40	2.040
Abzinsungsfaktor	1,000	0,893	0,797	0,712	0,636	0,567	0,507	0,452	0,404
Barwert	−20.000	−411	−1.164	28	25	23	20	18	824
Kapitalwert	−20.636								

Tabelle B.15. *Nettozahlungsreihe und Berechnung des Kapitalwerts vor Einsparungen*

Nun suchen wir jene Kosteneinsparung, deren Barwert über acht Jahre der absoluten Höhe des Kapitalwerts (20.636 TEUR) entspricht. Da die Kosteneinsparung in jeder Periode identisch ist, suchen wir finanzmathematisch die **Rentenrate** r, die bei einem Zinssatz von 12 % und einer Laufzeit von acht Jahren zu einem Rentenbarwert von 20.636 TEUR führt. Dazu multiplizieren wir gemäß (B.17) den (absoluten) Kapitalwert mit dem Wiedergewinnungsfaktor und erhalten:

$$r = 20.636 \cdot \frac{(1 + 12\,\%)^8 \cdot 12\,\%}{(1 + 12\,\%)^8 - 1} = 4.154.$$

Die jährlichen Kosteneinsparungen müssten somit mindestens 4.154 TEUR betragen, um einen nicht-negativen Kapitalwert zu erhalten und die Investition somit nach dem Kaptialwertkriterium als (absolut) vorteilhaft einzustufen.

Aufgabe 22 Dynamische Verfahren I

a) Zur Berechnung der **Kapitalwerte** nutzen wir erneut Formel (B.24) und erhalten für die Investitionsobjekte IO1 und IO2:

$$KW_0^{IO1} = -100 + 75 \cdot 1{,}1^{-1} + 54 \cdot 1{,}1^{-2} = 12{,}81,$$
$$KW_0^{IO2} = -100 + 25 \cdot 1{,}1^{-1} + 33{,}5 \cdot 1{,}1^{-2} + 40{,}5 \cdot 1{,}1^{-3} + 46{,}0 \cdot 1{,}1^{-4} = 12{,}26.$$

Für IO3 lässt sich Formel (B.24) nicht unmittelbar verwenden, da die Zahlungen unendlich lange erfolgen. Wir nutzen hier daher die Erkenntnisse der Rentenrechnung, wonach sich der Barwert einer **ewigen Rente** mit konstanten Rentenraten r gemäß (B.19) als r/i ergibt. Von diesem Barwert müssen wir zur Bestimmung des Kapitalwerts noch die Anfangsauszahlung A_0 subtrahieren, womit wir für IO3 erhalten:

$$KW_0^{IO3} = -A_0 + \frac{r}{i} = -100 + \frac{13}{10\,\%} = 30{,}00.$$

Da der Kapitalwert aller Objekte positiv ist, sind alle Investitionsobjekte absolut vorteilhaft. Schließen sich die Objekte gegenseitig aus, so ist Objekt IO3 relativ vorteilhaft, da dieses Objekt den größten Kapitalwert aufweist.

b) Hier ist zu zeigen, wie der für IO1 berechnete Vermögenszuwachs per $t = 0$ **kapitalisiert** werden kann. Dazu finanzieren wir das Investitionsobjekt wie angegeben durch eine Kreditaufnahme über 100 TEUR. Um auch den Vermögenszuwachs in Höhe des Kapitalwerts bereits in $t = 0$ in Form liquider Mittel zu realisieren, nehmen wir zusätzlich einen Kredit in Höhe des Kapitalwerts von 12,81 TEUR auf. Mit dem Kreditvolumen von insgesamt 112,81 TEUR können wir nun sowohl das Investitionsobjekt wie auch die Entnahme des Kapitalwerts finanzieren. Die Kreditaufnahme entspricht nun im Übrigen genau dem **Ertragswert** der Investition – damit sollte auch die Bedienung des Kredits in Form von Tilgung und Zinszahlung durch die zukünftigen Nettozahlungen exakt möglich sein.

	0	1	2
Nettozahlung	−100,00	75,00	54,00
Restschuld	112,81	49,09	0,00
Zinsen		−11,28	−4,91
Tilgung		−63,72	−49,09
Zahlung Kredit	112,81	−75,00	−54,00
Entnahme	−12,81		

Tabelle B.16. *Realisierung des Vermögenszuwachses aus IO1*

Tabelle B.16 zeigt die Zahlungskonsequenzen. Im Zeitpunkt $t = 0$ erhalten wir aus der Kreditaufnahme eine Einzahlung in Höhe von 112,81 TEUR, die wir für die Anfangsauszahlung des Investitionsobjekts in Höhe von 100 TEUR nutzen; den Restbetrag von 12,81 TEUR können wir wie gewünscht entnehmen. In den beiden folgenden Jahren nutzen wir die Nettozahlungen zur Zahlung der Zinsen (10 % auf die Restschuld des Vorjahres); den verbleibenden Restbetrag verwenden wir zur Tilgung, womit sich die neue Restschuld der jeweiligen Periode ergibt. Als Ergebnis zeigt sich, dass die Restschuld im letzten Jahr tatsächlich auf null zurückgegangen ist, womit unsere Strategie zur Entnahme des Vermögenszuwachses in $t = 0$ aufgegangen ist.

Es sei an dieser Stelle darauf hingewiesen, dass die vorgestellte Strategie die Existenz eines **vollkommenen Kapitalmarkts** unterstellt, auf dem in unbegrenzter Höhe Kapitalanlagen und -aufnahmen zu einem einheitlichen Zinssatz möglich sind. In der Realität können Begrenzungen in der Verschuldungskapazität sowie abweichende Soll- und Habenzinssätze die Möglichkeit der Kapitalisierung ggf. beschränken.

c) Die identische jährliche Entnahme, die der Investor aus dem Investitionsobjekt realisieren könnte, wird auch als **Annuität** bezeichnet. Wir ermitteln die Annuität *ANN* durch „Verrentung" des Kapitalwerts, d. h., wir multiplizieren gemäß (B.17) den Kapitalwert mit dem Wiedergewinnungsfaktor. Für IO1 und IO2 erhalten wir mit den jeweiligen Laufzeiten und dem Zinssatz von 10 %:

$$ANN^{IO1} = 12{,}81 \cdot \frac{(1 + 10\,\%)^2 \cdot 10\,\%}{(1 + 10\,\%)^2 - 1} = 7{,}38,$$

$$ANN^{IO2} = 12{,}26 \cdot \frac{(1 + 10\,\%)^4 \cdot 10\,\%}{(1 + 10\,\%)^4 - 1} = 3{,}87.$$

Für IO3 können wir den oben verwendeten Wiedergewinnungsfaktor nicht unmittelbar anwenden, da es sich hier um eine ewige Rente handelt. Wir erinnern uns an Teilaufgabe a), dass sich der Barwert R_0 der ewigen Rente berechnen ließ, indem die Rentenrate r durch den Zinssatz i geteilt wird: $R_0 = r/i$. Stellen wir die Formel nach der hier gesuchten Rentenrate r (der Annuität) um, so erhalten wir:

$$r = i \cdot R_0. \tag{B.25}$$

Die Berechnung erscheint auch ökonomisch unmittelbar sinnvoll: Wollen wir eine Entnahme aus einem gegebenem Barwert von R_0 unendlich lange tätigen, so können wir jeweils nur die Zinsen in Höhe von $i \cdot R_0$ entnehmen.

Für einen Zinssatz von 10 % und einen Kapitalwert von 30 TEUR folgt für unser Investitionsobjekt IO3:

$$ANN^{IO3} = 30 \cdot 10\,\% = 3{,}00.$$

d) Die Bewertung der **relativen Vorteilhaftigkeit** mittels der in Teilaufgabe c) berechneten Annuitäten ist in unserem Fall nicht sinnvoll, da die Nutzungsdauern der Investitionsobjekte voneinander abweichen. So erhalten wir zwar für IO1 die höchste Annuität, allerdings wird diese lediglich über zwei Jahre gezahlt. Demgegenüber wird die Annuität des IO2 bereits über vier Jahre, die des IO3 sogar unendlich lange gezahlt. Ein Vergleich ist daher nicht sinnvoll.

Um dennoch die Annuität für die relative Vorteilhaftigkeitsentscheidung zu verwenden, sind für alle Investitionsobjekte zur Berechnung der Annuität **identische Laufzeiten** zu verwenden. Für welche Laufzeit wir uns entscheiden, ist dabei für die Entscheidung nicht relevant. Im Folgenden wählen wir der Einfachheit halber für alle Investitionsobjekte eine unendlich lange Laufzeit und berechnen die jeweiligen Rentenrate der ewigen Rente. Wir erhalten:

$$ANN^{IO1} = 12{,}81 \cdot 10\,\% = 1{,}28,$$

$$ANN^{IO2} = 12{,}26 \cdot 10\,\% = 1{,}23,$$

$$ANN^{IO3} = 30{,}00 \cdot 10\,\% = 3{,}00.$$

Die Annuitäten sind nun vergleichbar und wir würden uns für IO3 entscheiden, da dieses die höchste Annuität aufweist. Damit liefert die Annuitätenmethode eine mit der Kapitalwertmethode identische relative Vorteilhaftigkeitsentscheidung. Dies ist im Übrigen immer der Fall, soweit identische Laufzeiten verwendet werden: Der

Kapitalwert für jedes Investitionsobjekt wird dann mit dem identischen positiven Wiedergewinnungsfaktor multipliziert (in unserem Fall 10 %), womit sich für die Rangfolge der Objekte keine Änderung ergibt.

e) Wie in Teilaufgabe c) finanzieren wir das Investitionsobjekt wieder über eine Kreditaufnahme in Höhe der Anschaffungsauszahlung von 100 TEUR. In den Jahren $t = 1$ und $t = 2$ entnehmen wir uns jeweils am Jahresende die berechnete Annuität von 7,38 TEUR. Den verbleibenden Restbetrag der jeweiligen Nettozahlung verwenden wir zur Zinszahlung (10 % auf die Restschuld des Vorjahres) und zur Tilgung. Die folgende Tabelle B.17 zeigt die Zahlungsstruktur.

	0	1	2
Nettozahlung	−100,00	75,00	54,00
Restschuld	100,00	42,38	0,00
Zinsen		−10,00	−4,24
Tilgung		−57,62	−42,38
Zahlung Kredit	100,00	−67,62	−46,62
Entnahme Annuität		−7,38	−7,38

Tabelle B.17. *Jährliche Entnahme der Annuität aus IO1*

Es lässt sich folglich tatsächlich jährlich die Annuität entnehmen und gleichzeitig mit den verbleibenden Nettozahlungen der Kredit bedienen, so dass dieser im Jahr $t = 2$ vollständig getilgt ist.

f) Der **interne Zinssatz** gibt an, welche Verzinsung durch das **im Investitionsobjekt gebundene Kapital** erwirtschaftet wird. Definiert ist der interne Zinssatz als jener Zinssatz, der zu einem Kapitalwert von null führt, wenn dieser als Kalkulationszinssatz verwendet wird. Formal gilt somit für den internen Zinssatz i^*:

$$KW_0 = \sum_{t=0}^{n} (E_t - A_t) \cdot (1 + i^*)^{-t} \stackrel{!}{=} 0. \tag{B.26}$$

Es gelten die folgenden Entscheidungskriterien:

- Ein Investitionsobjekt ist **absolut vorteilhaft**, wenn dessen interner Zinssatz den Kalkulationszinssatz übersteigt.

- Ein Investitionsobjekt ist **relativ vorteilhaft**, wenn dessen interner Zinssatz den eines jeden anderen zur Wahl stehenden Objekts übersteigt.

Um den internen Zinssatz zu erhalten, ist die obige Gleichung (B.26) nach i^* aufzulösen. Dies ist allerdings nur bis zu einer Anzahl von zwei Perioden ohne größeren mathematischen Aufwand möglich. Zur Lösung von Gleichungen höheren Grades wird daher im Regelfall eine **numerische Lösung** in Form eines Näherungsverfahrens verwendet, welches auch in Tabellenkalkulationsprogrammen wie Microsoft Excel zum Einsatz kommt.

Für das Investitionsobjekt IO1 mit einer Laufzeit von zwei Perioden sind wir noch zu einer analytischen Lösung in der Lage. Dazu formulieren wir die Bedingung des internen Zinssatzes gemäß (B.26) für die Zahlen des IO1:

$$-100 + 75 \cdot (1 + i^*)^{-1} + 54 \cdot (1 + i^*)^{-2} = 0.$$

Eine Möglichkeit zur Lösung dieser quadratischen Gleichung besteht in der Anwendung der so genannten **p-q-Formel**. Gemäß dieser Formel hat eine Gleichung der Form:

$$x^2 + px + q = 0$$

folgende zwei Lösungen:

$$x_{1,2} = \frac{-p}{2} \pm \sqrt{\left(\frac{p}{2}\right)^2 - q}. \tag{B.27}$$

Zur Anwendungen der Formel benötigen wir somit die Normalform der quadratischen Gleichung, die wir für unsere obige Gleichung durch Umformung erhalten:

$$
\begin{aligned}
& -100 + 75 \cdot (1 + i^*)^{-1} + 54 \cdot (1 + i^*)^{-2} = 0 && | \cdot (1 + i^*)^2 \\
\Leftrightarrow \quad & -100 \cdot (1 + i^*)^2 + 75 \cdot (1 + i^*) + 54 = 0 && | \div (-100) \\
\Leftrightarrow \quad & (1 + i^*)^2 - 0{,}75 \cdot (1 + i^*) - 0{,}54 = 0.
\end{aligned}
$$

Nun substituieren wir noch $x = (1 + i^*)$ und erhalten:

$$x^2 - 0{,}75x - 0{,}54 = 0.$$

Gemäß p-q-Formel (B.27), hat diese Gleichung die beiden Lösungen:

$$x_{1,2} = -\frac{-0{,}75}{2} \pm \sqrt{\left(\frac{-0{,}75}{2}\right)^2 - (-0{,}54)},$$

bzw.

$$x_1 = \frac{0{,}75}{2} + \sqrt{\left(\frac{-0{,}75}{2}\right)^2 + 0{,}54} = 1{,}2,$$

$$x_2 = \frac{0{,}75}{2} - \sqrt{\left(\frac{-0{,}75}{2}\right)^2 + 0{,}54} = -0{,}45.$$

Jetzt müssen wir noch resubstituieren, also x durch $(1 + i^*)$ ersetzen, um die Lösungen für i_1^* und i_2^* zu erhalten:

$$
\begin{aligned}
x_1 &= (1 + i_1^*) \\
1{,}2 &= (1 + i_1^*) && | -1 \\
i_1^* &= 20\,\%,
\end{aligned}
$$

bzw.

$$x_2 = (1 + i_2^*)$$
$$-0{,}45 = (1 + i_1^*) \qquad\qquad \mid -1$$
$$i_1^* = -145\,\%.$$

Unsere beiden mathematischen Lösungen für i^* lauten somit 20 % und $-145\,\%$. Ökonomisch sinnvoll ist allerdings im Kontext der Zahlungsreihe nur die Lösung $i^* = 20\,\%$. Angesichts des positiven Kapitalwerts von IO1 ist die negative Verzinsung der zweiten Lösung ökonomisch nicht möglich.

Als Alternative zur p-q-Formel lässt sich die quadratische Gleichung auch mittels der **quadratischen Ergänzung** lösen. Dazu wird die erste binomische Formel verwendet:

$$(a + b)^2 = a^2 + 2ab + b^2.$$

Ziel ist es nun, die zu lösende Gleichung in einen Term wie auf der rechten Seite der binomischen Formel zu verwandeln. Dieser lässt sich dann gemäß der binomischen Formel zusammenfassen, um anschließend die Wurzel ziehen zu können.

Schauen wir uns unter diesem Blickwinkel noch einmal unsere quadratische Gleichung in Normalform an:

$$x^2 - 0{,}75x - 0{,}54 = 0.$$

Vergleichen wir diese Struktur mit der binomischen Formel, so entspricht das x in unserer Gleichung dem a der binomischen Formel. Für den zweiten Summanden muss dann gelten: $-0{,}75x = 2ab$ bzw. mit $x = a$:

$$b = \frac{-0{,}75}{2} = -0{,}375.$$

Nun fehlt nur noch der Summand b^2, der $(-0{,}375)^2$ entsprechen müsste. Da in unserer Gleichung $-0{,}54$ als dritter Summand zu finden ist, addieren und subtrahieren wir $(-0{,}375)^2$ einfach in der Gleichung (was die eigentliche „Ergänzung" darstellt):

$$x^2 - 0{,}75x + (-0{,}375)^2 - (-0{,}375)^2 - 0{,}54 = 0.$$

Nun können wir die binomische Formel anwenden und die ersten drei Summanden zusammenfassen:

$$(x - 0{,}375)^2 - (-0{,}375)^2 - 0{,}54 = 0.$$

Diese Gleichung kann nun nach x aufgelöst werden:

$$(x - 0{,}375)^2 - 0{,}680625 = 0.$$
$$(x - 0{,}375)^2 = 0{,}680625 \qquad\qquad \mid \sqrt{}$$
$$x_{1,2} = \pm 0{,}825 + 0{,}375.$$

Wir erhalten für x die zum obigen Vorgehen mit der p-q-Formel identischen Lösungen, womit sich nach Resubstitution auch die identischen Lösungen für den internen Zinssatz ergeben.

Zur Berechnung des internen Zinssatzes für IO2 ist uns eine analytische Lösung nicht mehr möglich – das Investitionsobjekt hat eine Laufzeit von vier Jahren, womit sich ein Polynom vierten Grades ergibt, welches wir nicht ohne Weiteres nach der Unbekannten auflösen können. Wir verwenden zur Lösung daher ein Tabellenkalkuationsprogramm – so wie auch in der Praxis üblich. In Microsoft Excel kann der interne Zinssatz einer periodisch anfallenden Zahlungsreihe mittels der Funktion IKV() bestimmt werden.[1] Die Funktion benötigt als Argument lediglich den Vektor der Zahlungsreihe. Excel liefert uns als Lösung für den internen Zinssatz des Investitionsobjekts IO2:

$$i^{*\text{IO2}} = 15\,\%.$$

Für IO3 machen wir uns schließlich ein weiteres Mal die Rentenrechnung zunutze. Auch hier suchen wir wieder jenen Zinssatz i^*, der genau zu einem Kapitalwert von null führt, wenn dieser als Kalkulationszinssatz verwendet wird:

$$-100 + \frac{13}{i^{*\text{IO3}}} \overset{!}{=} 0.$$

Diese Gleichung lässt sich einfach nach i^* auflösen und wir erhalten:

$$i^{*\text{IO3}} = 13\,\%.$$

Da die internen Zinssätze für alle Investitionsobjekte über dem Kalkulationszinssatz liegen, sind alle drei Objekte absolut vorteilhaft. Relativ vorteilhaft ist gemäß der Methode des internen Zinssatzes IO1 mit dem höchsten internen Zinssatz.

g) Um für IO1 zu zeigen, dass der interne Zinssatz tatsächlich der Verzinsung des gebundenen Kapitals entspricht, gehen wir indirekt vor: Wir finanzieren das Investitionsobjekt wie bereits in Teilaufgabe b) über einen Kredit und unterstellen dabei hypothetisch, dass der für den Kredit zu zahlende Zinssatz dem internen Zinssatz von 20 % entspricht. Erwirtschaftet das Investitionsobjekt tatsächlich den internen Zinssatz, so sollte es exakt möglich sein, einen Kredit mit diesem Zinssatz vollständig bedienen zu können: Es dürfte weder ein Überschuss verbleiben, noch dürfte am Ende der Laufzeit eine Restschuld bestehen. Analog zu den Teilaufgaben b) und e) ergibt sich der Finanzplan gemäß folgender Tabelle B.18.

---

[1] Liegen die Zahlungen nicht periodisch vor, so kann die Funktion XINTZINSFUSS() verwendet werden, die neben der Zahlungsreihe auch die Angabe der genauen Daten der einzelnen Zahlungen erfordert.

	0	1	2
Nettozahlung	−100,00	75,00	54,00
Restschuld	100,00	45,00	0,00
Zinsen (20 %)		−20,00	−9,00
Tilgung		−55,00	−45,00
Zahlungen Kredit	100,00	−75,00	−54,00
Entnahme	0,00	0,00	0,00

Tabelle B.18. *Finanzplan für IO1 bei Kreditzinssatz in Höhe des internen Zinssatzes*

Tatsächlich können wir bei einem Zinssatz auf den Kredit in Höhe von 20 % exakt den Kredit tilgen, ohne dass eine Entnahme übrig bleibt. Wir folgern somit, dass das gebundene Kapital tatsächlich den internen Zinssatz von 20 % erwirtschaftet haben muss.

Ein Kapitalwert von exakt null bedeutet somit gleichzeitig, dass die aus der Investition zufließenden Nettozahlungen ausreichend sind, um die Tilgung des eingesetzten Kapitals sowie die Verzinsung des jeweils gebundenen Betrags zu diesem Zinssatz zu gewährleisten.

h) Tabelle B.19 stellt die Ergebnisse der Kapitalwertmethode und der Methode des internen Zinssatzes gegenüber.

	IO1	IO2	IO3
Kapitalwert	12,81	12,26	30,00
Interner Zinssatz	20 %	15 %	13 %

Tabelle B.19. *Ergebnisse der Kapitalwert- und Interner-Zinssatz-Methode*

Bzgl. der **absoluten Vorteilhaftigkeit** existieren keine Unterschiede: Alle Investitionsobjekte sind sowohl nach dem Kapitalwertkriterium als auch nach dem Kriterium des internen Zinssatzes absolut vorteilhaft. Dies lässt sich verallgemeinern: Weist ein Investitionsobjekt einen positiven Kapitalwert auf, so liegt auch stets dessen interner Zinssatz über dem Kalkulationszinssatz, womit die Entscheidung bzgl. absoluter Vorteilhaftigkeit bei beiden Verfahren stets identisch ist.

Abweichende Entscheidungen liefern die Methoden für unsere Aufgabenstellung allerdings bzgl. der **relativen Vorteilhaftigkeit**. Während IO3 nach dem Kapitalwertkriterium relativ vorteilhaft ist, stellt sich nach der Methode des internen Zinssatzes IO1 als relativ vorteilhaft dar. Diese Abweichung ist durch die unterschiedlichen **Wiederanlageprämissen** der Verfahren begründet. Liegen anfängliche Kapitaleinsatzdifferenzen vor bzw. werden über die Laufzeit des Investitionsobjekts Mittel frei, so ist eine Annahme darüber zu treffen, wie sich diese Mittel verzinsen. Die Kapitalwertmethode unterstellt hier (implizit) eine Verzinsung zum **Kalkulationszinssatz**, wohingegen bei der Methode des internen Zinssatzes eine

Verzinsung zum **internen Zinssatz** i^* des jeweiligen Investitionsobjekts unterstellt wird.

In unserem Fall sind zwar die Anschaffungsauszahlungen der Investitionsobjekte identisch, so dass keine anfänglichen Kapitaleinsatzdifferenzen vorliegen, allerdings unterscheiden sich die Kapitalbindungsverläufe während der Nutzungsdauer erheblich. So wird bei IO1 das eingesetzte Kapital vergleichsweise schnell über zwei Perioden freigesetzt, während dieses bei IO3 unendlich lange gebunden ist. Entscheiden wir uns nun gemäß internem Zinssatz für IO1, unterstellen wir implizit, dass die freigewordenen Mittel unendlich lange zum internen Zinssatz von 20 % wiederangelegt werden könnten. Die Belastbarkeit dieser weitreichenden Annahme werden wir im Rahmen der Aufgabe 25 noch ausführlich diskutieren.

i) Zur Skizzierung der **Kapitalwertfunktion** ist es ausreichend, die wesentlichen Eigenschaften der Funktion darzustellen. Es ist hier nicht erforderlich, den exakten Verlauf der Funktion abzubilden. Um diese Aufgabe effizient zu lösen, bietet es sich an, die Skizze auf drei charakteristischen Punkten zu basieren: (1) dem bereits berechneten Kapitalwert für den Kalkulationszinssatz von 10 %, (2) dem ebenfalls bereits berechneten internen Zinssatz, der dem Schnittpunkt der Kapitalwertfunktion mit der X-Achse entspricht, sowie (3) dem Y-Achsenabschnitt der Kapitalwertfunktion – dieser entspricht dem Kapitalwert bei einem Kalkulationszinssatz von 0 % und ist als einziger Punkt neu zu berechnen. Bei einem Kalkulationszinssatz von null können dazu einfach die Nominalwerte der Nettozahlungen addiert werden. Für die ewige Rente des IO3 ist dabei zu beachten, dass dessen Kapitalwert für einen Kalkulationszinssatz von 0 % gegen unendlich strebt.

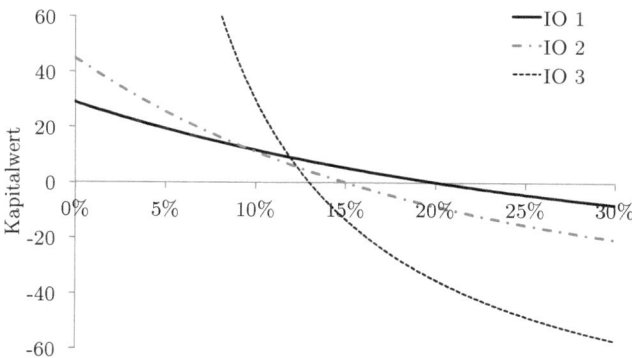

Abbildung B.6. *Kapitalwertfunktionen der Objekte*

Abbildung B.6 zeigt die Kapitalwertfunktionen der drei Investitionsobjekte. Es wird noch einmal deutlich, dass die Kapitalwertmethode und die Methode des internen

Zinssatzes zu unterschiedlichen Ergebnissen bzgl. relativer Vorteilhaftigkeit führen. Während IO3 bei einem Kalkulationszinssatz von 10 % den mit Abstand höchsten Kapitalwert aufweist, ist das Objekt gleichzeitig durch den niedrigsten internen Zinssatz gekennzeichnet.

Aufgabe 23   Dynamische Verfahren II

a) Zur Berechnung des **Kapitalwerts** greifen wir wieder auf Formel (B.24) zurück. Zur Umsetzung stellen wir zunächst den Nettozahlungsstrom der Investition auf. Anschließend diskontieren wir die Nettozahlungen durch Multiplikation mit dem Abzinsungsfaktor $(1 + 3\,\%)^{-t}$ auf den heutigen Zeitpunkt $t = 0$ und addieren die berechneten Barwerte. Tabelle B.20 stellt die Schritte bis zur Berechnung des Kapitalwerts dar.

	0	1	2	3	4
Einzahlung		3.000,00	3.000,00	3.000,00	3.000,00
Auszahlung	−6.000,00	−1.000,00	−1.000,00	−1.000,00	−1.000,00
Nettozahlung	−6.000,00	2.000,00	2.000,00	2.000,00	2.000,00
Abzinsungsfaktor	1,000	0,971	0,943	0,915	0,888
Barwert	−6.000,00	1.941,75	1.885,19	1.830,28	1.776,97
Kapitalwert	1.434,20				

Tabelle B.20. *Nettozahlungsreihe und Berechnung des Kapitalwerts*

Die Investition ist absolut vorteilhaft, da der Kapitalwert positiv ist. Bei Durchführung der Investition steigt das Vermögen des Investors im Zeitpunkt $t = 0$ um 1.434,20 TEUR.

b) Da wir in Teilaufgabe a) einen positiven Kapitalwert berechnet haben, können wir unmittelbar schlussfolgern, dass der interne Zinssatz oberhalb des Kalkulationszinssatzes liegt. Der interne Zinssatz gibt die durchschnittliche Verzinsung des gebundenen Kapitals an. Liegt diese oberhalb des Kalkulationszinssatzes, so „verdienen" wir mit dem Investitionsobjekt mehr als am Kapitalmarkt und es ergibt sich ein positiver Kapitalwert – das Investitionsobjekt ist absolut vorteilhaft.

Wenn wir die Zahlungsreihe in MS-Excel mit der Funktion IKV() analysieren, so erhalten wir einen internen Zinssatz von 12,59 %, der tatsächlich (deutlich) über dem Kalkulationszinssatz von 3 % liegt.

c) Die Annuität *ANN* des Investitionsobjekts lässt sich ermitteln, indem der Kapitalwert der Investition mit dem Wiedergewinnungsfaktor multipliziert wird. Es wird somit die mit der Laufzeit des Investitionsobjekts korrespondierende Rentenrate berechnet, die sich aus dem Kapitalwert zahlen ließe. Für die Werte unserer Aufgabenstellung erhalten wir:

$$ANN = 1.434{,}20 \cdot \frac{(1 + 3\,\%)^4 \cdot 3\,\%}{(1 + 3\,\%)^4 - 1} = 385{,}84.$$

Ökonomisch lässt sich die Annuität als **zusätzlicher jährlicher Überschuss** durch das Investitionsprojekt interpretieren. „Zusätzlich" bezieht sich hier darauf, dass die Entnahme erfolgen kann, ohne dass die Rückgewinnung des gebundenen Kapitals bzw. dessen Verzinsung beeinträchtigt wird. Wird das Investitionsobjekt also beispielsweise über einen Kredit finanziert, so stellt die Annuität jenen Betrag dar, der nach Tilgung des Kredits und Zahlung der Zinsen jährlich verbleibt (vgl. Aufgabe 22).

Da der Wiedergewinnungsfaktor immer eine positive Zahl ist, haben Kapitalwert und Annuität stets das gleiche Vorzeichen. Damit sind Entscheidungen der Kapitalwertmethode und der Annuitätenmethode bzgl. absoluter Vorteilhaftigkeit in jedem Fall identisch.

d) Hier ist derjenige Umsatz E_4 der letzten Periode gesucht, der zu einem Kapitalwert der Investition von gerade null führt. Mit den bekannten Nettozahlungen der Jahre $t = 0$ bis $t = 3$ sowie der Auszahlung in $t = 4$ in Höhe von 1.000 TEUR können wir die folgende Gleichung aufstellen:

$$-6.000 + \frac{2.000}{(1 + 3\,\%)} + \frac{2.000}{(1 + 3\,\%)^2} + \frac{2.000}{(1 + 3\,\%)^3} + \frac{E_4 - 1.000}{(1 + 3\,\%)^4} = 0.$$

Auflösen der Gleichung nach E_4 führt auf:

$$E_4 = 1.385{,}80.$$

Die Umsatzerlöse müssen somit im letzten Jahr der Nutzungsdauer mindestens 1.385,80 TEUR betragen, damit der Kapitalwert nicht negativ und infolgedessen das Investitionsobjekt nicht unvorteilhaft wird.

Alternativ und mit etwas weniger Rechenaufwand können wir auch auf dem Ergebnis für den Kapitalwert aus Teilaufgabe a) aufbauen. Zinsen wir diesen Kapitalwert in Höhe von 1.434,20 TEUR auf den Zeitpunkt $t = 4$ auf, so wissen wir, um welchen Betrag der Cashflow im 4. Jahr maximal sinken darf, um keinen negativen Kapitalwert zu erhalten:

$$1.434{,}20 \cdot (1 + 3\,\%)^4 = 1.614{,}20.$$

Subtrahieren wir nun diesen maximalen Rückgang vom aktuellen Wert der Umsatzerlöse in Höhe von 3.000 TEUR, so erhalten wir

$$3.000 - 1.614{,}20 = 1.385{,}80$$

für die mindestens zu realisierenden Umsatzerlöse und kommen damit zum gleichen Ergebnis wie oben.

Aufgabe 24   Dynamische Verfahren III

a) Zur Berechnung der **Kapitalwerte** diskontieren wir wieder gemäß (B.24) die Nettozahlungen und erhalten den Kapitalwert als Summe der Barwerte abzgl. der anfänglichen Auszahlung. Es ergibt sich für IO1:

	0	1	2	3
Nettozahlung	−600.000,00	300.000,00	300.000,00	150.000,00
Abzinsungsfaktor	1,000	0,952	0,907	0,864
Barwert	−600.000,00	285.714,29	272.108,84	129.575,64
Kapitalwert	87.398,77			

Tabelle B.21. *Nettozahlungsreihe IO1 und Berechnung des Kapitalwerts*

Für IO2 erhalten wir analog:

	0	1	2	3
Nettozahlung	−1.000.000,00	100.000,00	550.000,00	600.000,00
Abzinsungsfaktor	1,000	0,952	0,907	0,864
Barwert	−1.000.000,00	95.238,10	498.866,21	518.302,56
Kapitalwert	112.406,87			

Tabelle B.22. *Nettozahlungsreihe IO2 und Berechnung des Kapitalwerts*

Bzgl. der Vorteilhaftigkeit lässt sich feststellen, dass beide Investitionsobjekte aufgrund ihres positiven Kapitalwertes absolut vorteilhaft sind. Als relativ vorteilhaft
stellt sich IO2 heraus, da dessen Kapitalwert den von IO1 übersteigt.

b) Ökonomisch gibt der Kapitalwert den im heutigen Zeitpunkt $t = 0$ realisierten
Vermögenszuwachs des Investors an, wenn die Investition vorgenommen wird (soweit der Kapitalwert positiv ist). Der Investor wird folglich um den Betrag des Kapitalwerts „reicher" bzw. der **Unternehmenswert** des die Investition durchführen-
den Unternehmens steigt um diesen Betrag. Der Kapitalwert lässt sich durch Transaktionen am vollkommenen Kapitalmarkt auch bereits per $t = 0$ entnehmen (vgl.
Aufgabe 22). Ein positiver Kapitalwert impliziert zudem, dass sich das im Investitionsobjekt gebundene Kapital höher verzinst als der zugrunde gelegte Kalkulationszinssatz.

c) Die **Annuität** eines Investitionsobjekts gibt an, welcher gleich hohe Betrag am
Ende jeder Periode der Nutzungsdauer des Investitionsobjekts entnommen werden
kann. Zur Berechnung ist der Kapitalwert gemäß (B.17) mit dem Wiedergewinnungsfaktor zu multiplizieren. Mit den oben berechneten Kapitalwerten erhalten

wir für eine Laufzeit von drei Jahren bei einem Zinssatz von 5 % für die beiden Investitionsalternativen:

$$ANN^{IO1} = 87.398{,}77 \cdot \frac{(1+5\,\%)^3 \cdot 5\,\%}{(1+5\,\%)^3 - 1} = 32.093{,}58,$$

$$ANN^{IO2} = 112.406{,}87 \cdot \frac{(1+5\,\%)^3 \cdot 5\,\%}{(1+5\,\%)^3 - 1} = 41.276{,}76.$$

Wir entscheiden uns zugunsten des Objekts IO2 mit der höheren Annuität, was der Entscheidung nach dem Kapitalwertkriterium entspricht. Ökonomisch gibt die Annuität den **zusätzlichen Überschuss** des Investitionsobjekts an. „Zusätzlich" bezieht sich hier darauf, dass die Entnahme erfolgen kann, ohne dass die Rückgewinnung des gebundenen Kapitals bzw. dessen Verzinsung beeinträchtigt wird. Wird das Investitionsobjekt also beispielsweise über einen Kredit finanziert, so stellt die Annuität jenen Betrag dar, der nach Tilgung des Kredits und Zahlung der Zinsen jährlich verbleibt (vgl. Aufgabe 22).

d) Um den **Endwert** der Investition und damit die mögliche Entnahme zum Zeitpunkt $t = 3$ zu berechnen, muss lediglich der Kapitalwert um drei Jahre auf das Ende der Laufzeit aufgezinst werden und wir erhalten für IO1 bzw. IO2:

$$87.398{,}77 \cdot (1+5\,\%)^3 = 101.175{,}00,$$

$$112.406{,}87 \cdot (1+5\,\%)^3 = 130.125{,}00.$$

IO2 weist den höheren Endwert auf, womit sich dieses Objekt als das vorteilhafte Investitionsobjekt darstellt. Dies entspricht natürlich der Entscheidung gemäß der Kapitalwertmethode, da wir lediglich eine Aufzinsung der Kapitalwerte (mit einem einheitlichen Aufzinsungsfaktor) vorgenommen haben.

Dieselbe Lösung hätten wir im Übrigen (mit etwas mehr Rechenaufwand) erhalten, wenn wir die einzelnen Zahlungen der jeweiligen Zahlungsströme aufgezinst hätten.

e) Für die Investitionsentscheidung ist es irrelevant, wie der Investor Überschüsse aus einem Investitionsobjekt tatsächlich entnehmen möchte. Durch Transaktionen am vollkommenen Kapitalmarkt (Geldaufnahme bzw. -anlage) kann der Investor jede beliebige zeitliche Entnahmemöglichkeit erzeugen. Für die Investitionsentscheidung relevant ist allein, dass das Investitionsobjekt einen positiven Kapitalwert aufweist, was unmittelbar impliziert, dass die Verzinsung des gebundenen Kapitals den Kalkulationszinssatz übersteigt. Dies ist die zentrale Erkenntnis des **Fisher-Separationstheorems** (vgl. Aufgabe 20).

f) Die Berechnung des internen Zinssatzes i^* kann in MS Excel unter Verwendung der Funktion IKV() erfolgen. Damit kommen wir zu folgenden Ergebnissen:

$$i^{*,IO1} = 13{,}48\,\%,$$

$$i^{*,IO2} = 9{,}82\,\%.$$

Beide Objekte sind absolut vorteilhaft, da beide internen Zinssätze den Kalkulationszins von 5 % übersteigen. Relativ vorteilhaft ist IO1, da dessen interner Zinssatz über dem von IO2 liegt.

g) Abbildung B.7 stellt die Kapitalwerte der beiden Objekte in Abhängigkeit vom Kalkulationszinssatz grafisch dar. Bzgl. einer effizienten Erstellung der Skizze sei auf Aufgabe 22 verwiesen.

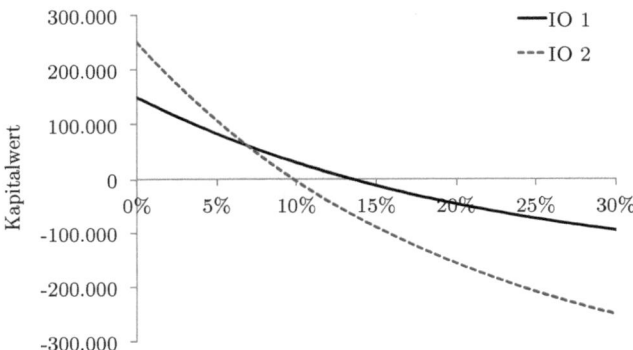

Abbildung B.7. *Kapitalwertfunktionen von IO1 und IO2*

Die Kapitalwerte der beiden Alternativen können beim Kalkulationszinssatz von 5 % abgelesen werden; die internen Zinssätze entsprechen den Schnittpunkten der Kapitalwertfunktionen mit der X-Achse. Wie bei der vorherigen Aufgabe führen auch hier die unterschiedlichen **Wiederanlageprämissen** der Verfahren zu unterschiedlichen Ergebnissen bezüglich der relativen Vorteilhaftigkeit. Nach dem Kriterium der Kapitalwertmethode wird IO2 als relativ vorteilhaft erachtet (höherer Kapitalwert), wohingegen die Interne-Zinssatz-Methode zu dem Ergebnis kommt, dass IO1 der Vorrang gegeben werden sollte (höherer interner Zinssatz). Ein Vergleich der Zahlungsreihen der beiden Objekte zeigt, dass bei IO1 sowohl anfänglich weniger Kapital gebunden ist als auch die Kapitalbindung über die Laufzeit schneller abnimmt. Dies führt dazu, dass der interne Zinssatz, der sich auf das **gebundene Kapital** bezieht, trotz kleineren Kapitalwerts bei IO1 größer ist. Es wäre folglich wieder zu prüfen, inwieweit anfängliche Kapitaleinsatzdifferenzen bzw. über die Laufzeit frei werdende Mittel reinvestiert werden können. Es sei hier auf das Fazit der vorherigen Aufgabe verwiesen, dass bei Vorliegen eines vollkommenen Kapitalmarkts ausschließlich die Kapitalwertmethode die richtige Entscheidung bzgl. relativer Vorteilhaftigkeit liefert und folglich das relevante Entscheidungskriterium darstellt.

h) Zur Berechnung der durchschnittlich **realisierten Rendite** y_r müssen wir zunächst das Endvermögen K_n bei Durchführung der Investition ermitteln, wozu eine Annahme über die Reinvestition der zwischenzeitlich frei werdenden Mittel erforderlich ist. Danach können wir unsere alt bekannte Formel (B.12) zur Berechnung des Endkapitals nutzen:

$$K_n = K_0 \cdot (1 + y_r)^n$$

und diese wieder nach der gesuchten Rendite y_r auflösen:

$$y_r = \sqrt[n]{\frac{K_n}{K_0}} - 1.$$

Das Anfangskapital K_0 entspricht in unserem Fall der Investitionsauszahlung. Das Endvermögen K_n hängt wie erwähnt von der Annahme über die Reinvestition der zwischenzeitlich frei werdenden Mittel ab. Beginnen wir mit der Annahme, dass eine Reinvestition (lediglich) zum Kalkulationszinssatz in Höhe von 5 % möglich sei. Dann erhalten wir für IO1:

	0	1	2	3
Nettozahlung	−600.000	300.000	300.000	150.000
Reinvestition in $t = 1$		−300.000		330.750
Reinvestition in $t = 2$			−300.000	315.000
Saldo	−600.000	0	0	795.750

Tabelle B.23. *Reinvestition zum Kalkulationszins bei IO1*

Das Endvermögen im Zeitpunkt $t = 3$ beträgt 795.750 EUR für IO1, womit für die realisierte Rendite folgt:

$$y_r^{\text{IO1}} = \sqrt[3]{\frac{795.750}{600.000}} - 1 = 9{,}87\,\%.$$

Für IO2 erhalten wir analog:

	0	1	2	3
Nettozahlung	−1.000.000	100.000	550.000	600.000
Reinvestition in $t = 1$		−100.000		110.250
Reinvestition in $t = 2$			−550.000	577.500
Saldo	−1.000.000	0	0	1.287.750

Tabelle B.24. *Reinvestition zum Kalkulationszins bei IO2*

Das Endvermögen im Zeitpunkt $t = 3$ beträgt 1.287.750 EUR für IO2, so dass für die realisierte Rendite folgt:

$$y_r^{\text{IO2}} = \sqrt[3]{\frac{1.287.750}{1.000.000}} - 1 = 8{,}80\,\%.$$

Vergleichen wir die realisierten Renditen mit den in Teilaufgabe f) berechneten internen Zinssätzen, so stellen wir zunächst fest, dass diese voneinander abweichen. Dies wird stets der Fall sein, solange die frei werdenden Mittel nicht auch wieder zum internen Zinssatz reinvestiert werden können (vgl. Aufgabe 25). Es stellt sich zudem heraus, dass IO1 die höhere realisierte Rendite aufweist und wir somit dieses Objekt präferieren würden. Damit steht unser Ergebnis im Widerspruch zur Kapitalwertmethode – obwohl wir die identische Wiederanlageprämisse verwendet haben. Der Grund liegt darin, dass sich bei den hier zu vergleichenden Investitionsobjekten auch die Anfangsauszahlungen unterscheiden und wir somit auch noch eine Annahme darüber treffen müssen, wie sich diese Differenz verzinsen lässt. Dies werden wir in der nächsten Teilaufgabe nachholen.

Wenden wir uns für die Berechnung der realisierten Rendite nun der alternativen Annahme zu, dass eine Wiederanlage zum internen Zinssatz möglich sei. Damit erhalten wir für IO1 (Reinvestition zu 13,48 %):

	0	1	2	3
Nettozahlung	−600.000,00	300.000,00	300.000,00	150.000,00
Reinvestition in $t = 1$		−300.000,00		386.331,31
Reinvestition in $t = 2$			−300.000,00	340.440,00
Saldo	−600.000,00	0,00	0,00	876.771,31

Tabelle B.25. *Reinvestition zum internen Zinssatz für IO1*

Das Endvermögen im Zeitpunkt $t = 3$ beträgt 876.771,31 EUR, womit für die realisierte Rendite folgt:

$$y_r^{IO1} = \sqrt[3]{\frac{876.771,39}{600.000,00}} - 1 = 13,48\,\%.$$

Für IO2 erhalten wir mit einer Reinvestition zum internen Zinssatz von 9,82 %:

	0	1	2	3
Nettozahlung	−1.000.000,00	100.000,00	550.000,00	600.000,00
Reinvestition in $t = 1$		−100.000,00		120.604,32
Reinvestition in $t = 2$			−550.000,00	604.010,00
Saldo	−1.000.000,00	0,00	0,00	1.324.614,32

Tabelle B.26. *Reinvestition zum internen Zinssatz für IO2*

Das Endvermögen beträgt hier 1.324.651,51 EUR, womit für die realisierte Rendite folgt:

$$y_r^{IO2} = \sqrt[3]{\frac{1.324.651,51}{1.000.000,00}} - 1 = 9,82\,\%.$$

Es zeigt sich, dass die Wiederanlageprämisse einen erheblichen Einfluss auf die Höhe der durchschnittlichen Rendite ausübt. Nun entsprechen die realisierten Renditen den internen Zinssätzen. Auf die relative Vorteilhaftigkeit hat dies in diesem Fall allerdings keinen Einfluss. Wie schon bei der Wiederanlage zum Kalkulationszinssatz würden wir Objekt A mit der höheren realisierten Rendite präferieren.

i) Bisher haben wir ausschließlich die Reinvestition der über die Laufzeit frei werdenden Mittel beachtet. Liegen allerdings Differenzen im anfänglichen Kapitaleinsatz vor, so ist auch für diese Differenz eine Untersuchung der **Differenzinvestition** notwendig.

Für die vorliegende Aufgabenstellung ist in IO2 ein gegenüber IO1 um 400.000 EUR höherer Betrag gebunden. Wir müssen somit untersuchen, wie wir die 400.000 EUR investieren könnten, wenn wir uns für IO1 entscheiden. In Teilaufgabe h) hatten wir bei der Berechnung der realisierten Rendite implizit unterstellt, dass sich diese Differenz ebenfalls zur berechneten Rendite anlegen lässt (und sich dadurch mit dieser Differenzinvestition wieder ein positiver Kapitalwert erzielen ließe). Wir haben oben argumentiert, dass die Existenz einer solchen Differenzinvestition den Annahmen des vollkommenen Kapitalmarkts widerspricht (vgl. Aufgabe 25).

Daher untersuchen wir nun, welche Auswirkungen sich auf die realisierte Rendite des Investitionsobjekts IO1 ergeben, wenn die anfängliche Kapitaleinsatzdifferenz von 400.000 EUR nur zum Kalkulationszinssatz angelegt werden kann. In diesem Fall erhalten wir für IO1:

	0	1	2	3
Nettozahlung	−600.000	300.000	300.000	150.000
Differenzinvestition in $t = 0$	−400.000			463.050
Reinvestition in $t = 1$		−300.000		330.750
Reinvestition in $t = 2$			−300.000	315.000
Saldo	−1.000.000	0	0	1.258.800

Tabelle B.27. *Investition der Kapitaleinsatzdifferenz von IO1 zum Kalkulationszinssatz*

Mit dem Endvermögen von 1.258.800 EUR ergibt sich für die realisierte Rendite:

$$y_r^{IO1} = \sqrt[3]{\frac{1.258.800}{1.000.000}} - 1 = 7{,}97\,\%.$$

Die realisierte Rendite (7,97 %) liegt unterhalb der in Teilaufgabe h) berechneten realisierten Rendite von IO2 (8,80 %). Damit würden wir nun IO2 den Vorzug geben, was wiederum mit der Entscheidung gemäß der Kapitalwertmethode übereinstimmt. Solange also die über die Laufzeit des Investitionsobjekts frei werdenden Mittel wie auch anfängliche Kapitaleinsatzdifferenzen zum Kalkulationszinssatz investiert werden können, trifft die Kapitalwertmethode die richtige Investitionsentscheidung. Eine abweichende Entscheidung lässt sich nur mit einer abweichenden

(Wieder-)Anlagemöglichkeit rechtfertigen. Wie oben bereits ausführlich diskutiert (vgl. Aufgabe 25), widerspricht eine zum Kalkulationszinssatz abweichende Investitionsmöglichkeit allerdings dem vollkommenen Kapitalmarkt. Als Fazit halten wir fest, dass wir bei Gültigkeit der Prämissen des vollkommenen Kapitalmarkts mit der Kapitalwertmethode stets die richtige Entscheidung treffen.

Aufgabe 25　　Wiederanlageprämissen

a) Zur Berechnung der **Kapitalwerte** nutzen wir erneut Formel (B.24) und erhalten für die Objekte A und B:

$$KW_0^A = -100 + 10 \cdot 1{,}05^{-1} + 105 \cdot 1{,}05^{-2} = 4{,}76,$$
$$KW_0^B = -100 + 100 \cdot 1{,}05^{-1} + 10 \cdot 1{,}05^{-2} = 4{,}31.$$

Beide Investitionsobjekte sind somit absolut vorteilhaft, da die Kapitalwerte größer als null sind. Relativ vorteilhaft ist das Objekt A mit dem höheren Kapitalwert.

b) Der **interne Zinssatz** ist als jener Zinssatz definiert, der zu einem Kapitalwert von null führt, wenn dieser als Kalkulationszinssatz verwendet wird (vgl. Aufgabe 22). Zu dessen Berechnung setzen wir daher für beide Investitionsobjekte den Kapitalwert gleich null und lösen nach dem Kalkulationszinssatz i^* auf. Da beide Investitionsobjekte lediglich eine Laufzeit von zwei Perioden aufweisen, sollte uns dies ohne größere Probleme möglich sein.

Beginnen wir mit Objekt A und stellen die Bedingung für den internen Zinssatz gemäß (B.26) auf:

$$-100 + 10 \cdot (1 + i^{*,A})^{-1} + 105 \cdot (1 + i^{*,A})^{-2} = 0.$$

Wir bringen die quadratische Gleichung durch Umformung in die Normalform:

$$
\begin{aligned}
& -100 + 10 \cdot (1 + i^{*,A})^{-1} + 105 \cdot (1 + i^{*,A})^{-2} = 0 && |\cdot (1 + i^{*,A})^2 \\
\Leftrightarrow\quad & -100 \cdot (1 + i^{*,A})^2 + 10 \cdot (1 + i^{*,A}) + 105 = 0 && |\div (-100) \\
\Leftrightarrow\quad & (1 + i^{*,A})^2 - 0{,}1 \cdot (1 + i^{*,A}) - 1{,}05 = 0 && |\text{Substitution } x = (1 + i^{*,A}) \\
\Leftrightarrow\quad & x^2 - 0{,}1x - 1{,}05 = 0
\end{aligned}
$$

Nun können wir die p-q-Formel (B.27) verwenden mit $p = -0{,}1$ und $q = -1{,}05$:

$$x_{1,2} = -\frac{-0{,}1}{2} \pm \sqrt{\left(\frac{-0{,}1}{2}\right)^2 - (-1{,}05)}.$$

Als Ergebnisse erhalten wir $x_1 = 1{,}0759$ und $x_2 = -0{,}9759$. Jetzt resubstituieren wir x mit $(1 + i^{*,A})$:

$$x_1 = (1 + i_1^{*,A})$$
$$1{,}0759 = (1 + i_1^{*,A}) \qquad \mid -1$$
$$i_1^{*,A} = 0{,}0759 = 7{,}59\,\%,$$

bzw.

$$x_2 = (1 + i_2^{*,A})$$
$$-0{,}9759 = (1 + i_2^{*,A}) \qquad \mid -1$$
$$i_2^{*,A} = -1{,}9759 = -197{,}59\,\%.$$

Ökonomisch sinnvoll ist im Kontext der vorliegenden Zahlungsreihe nur die positive Lösung $i^{*,A} = 7{,}59\,\%$. Angesichts des positiven Kapitalwerts von Objekt A ist die negative Verzinsung der zweiten Lösung ökonomisch nicht möglich.

Zur Berechnung des internen Zinssatzes für Objekt B gehen wir analog vor und stellen zunächst die Bedingung für einen Kapitalwert von null auf:

$$-100 + 100 \cdot (1 + i^{*,B})^{-1} + 10 \cdot (1 + i^{*,B})^{-2} = 0.$$

Wiederum bringen wir die Gleichung in die Normalform:

$$\begin{aligned}
& -100 + 100 \cdot (1 + i^{*,B})^{-1} + 10 \cdot (1 + i^{*,B})^{-2} = 0 && \mid \cdot (1 + i^{*,B})^2 \\
\Leftrightarrow\quad & -100 \cdot (1 + i^{*,B})^2 + 100 \cdot (1 + i^{*,B}) + 10 = 0 && \mid \div (-100) \\
\Leftrightarrow\quad & (1 + i^{*,B})^2 - (1 + i^{*,B}) - 0{,}1 = 0 && \mid \text{Substitution } x = (1 + i^{*,B}) \\
\Leftrightarrow\quad & x^2 - x - 0{,}1 = 0
\end{aligned}$$

Erneut nutzen wir die p-q-Formel mit $p = -1$ und $q = -0{,}1$:

$$x_{1,2} = -\frac{-1}{2} \pm \sqrt{\left(\frac{-1}{2}\right)^2 - (-0{,}1)}$$

und erhalten $x_1 = 1{,}0916$ bzw. $x_2 = -0{,}0916$. Wir resubstituieren schließlich wieder x mit $(1 + i^{*,B})$:

$$x_1 = (1 + i_1^{*,B})$$
$$1{,}0916 = (1 + i_1^{*,B}) \qquad \mid -1$$
$$i_1^{*,B} = 0{,}0916 = 9{,}16\,\%,$$

bzw.

$$x_2 = (1 + i_2^{*,B})$$
$$-0{,}0916 = (1 + i_2^{*,B}) \qquad\qquad | -1$$
$$i_2^{*,B} = -1{,}0916 = -109{,}16\,\%.$$

Ökonomisch sinnvoll ist im Kontext der Zahlungsreihe wieder nur die positive Lösung $i^{*,B} = 9{,}16\,\%$.

Bgzl. der Vorteilhaftigkeit lässt sich feststellen, dass beide Investitionsobjekte absolut vorteilhaft sind, da die internen Zinssätze den Kalkulationszinssatz übersteigen. Relativ vorteilhaft ist Objekt B mit dem höheren internen Zinssatz.

c) Tabelle B.28 stellt die Ergebnisse für Kapitalwert und internen Zinssatz gegenüber.

	Objekt A	Objekt B
Kapitalwert	4,76	4,31
Interner Zinssatz	7,59 %	9,16 %

Tabelle B.28. *Kapitalwerte sowie interne Zinssätze der Objekte*

Während die Investitionsobjekte nach den Kriterien beider Verfahren absolut vorteilhaft sind, ergeben sich wiederum Abweichungen bzgl. der relativen Vorteilhaftigkeit. Nach der Kapitalwertmethode ist Objekt A relativ vorteilhaft, wohingegen nach der Methode des internen Zinssatzes Objekt B relativ vorteilhaft ist. Der Grund für diese Abweichung liegt wiederum in den unterschiedlichen **Wiederanlageprämissen** der beiden Verfahren (vgl. Aufgabe 22). Da der Kapitaleinsatz bei beiden Objekten identisch ist, bezieht sich die Wiederanlageprämisse hier nur auf die in der Periode $t = 1$ frei werdenden Mittel. Während die Kapitalwertmethode implizit eine Wiederanlage zum Kalkulationszinssatz unterstellt, liegt der Entscheidung des internen Zinssatzes eine mögliche Wiederanlage zum internen Zinssatz des jeweiligen Investitionsobjekts zugrunde.

d) Wir berechnen hier das **Endvermögen** des Investors unter der Annahme, dass dieser die in $t = 1$ frei werdenden Mittel zum internen Zinssatz des jeweiligen Investitionsobjekts anlegen kann (Prämisse der Methode des internen Zinssatzes). Für Objekt A legt der Investor somit die 10 GE im Zeitpunkt $t = 1$ zum internen Zinssatz $i^{*,A} = 7{,}59\,\%$ für ein Jahr an. Aus dieser Anlage erhält er im Zeitpunkt $t = 2$ eine Zahlung in Höhe von $10 \cdot (1 + 7{,}59\,\%)^1 = 10{,}76$. Die folgende Tabelle B.29 zeigt die Zahlungskonsequenzen, welche ein Endvermögen des Investors im Zeitpunkt $t = 2$ in Höhe von $115{,}76$ GE ergeben:

	0	1	2
Objekt A	−100,00	10,00	105,00
Wiederanlage zu $i^{*,A}$		−10,00	10,76
Summe	−100,00	0,00	115,76

Tabelle B.29. *Endvermögen des Investors für Objekt A bei Wiederanlage zum internen Zinssatz*

Für Objekt B legt der Investor die frei werdenden 100 GE im Zeitpunkt $t = 1$ zum internen Zinssatz $i^{*,B} = 9,16\,\%$ des Objekts B an. Aus dieser Anlage erhält er im Zeitpunkt $t = 2$ eine Zahlung in Höhe von $100 \cdot (1 + 9,16\,\%)^1 = 109,16$. Die folgende Tabelle B.30 zeigt die Zahlungskonsequenzen, welche zu einem Endvermögen des Investors im Zeitpunkt $t = 2$ in Höhe von 119,16 GE führen:

	0	1	2
Objekt B	−100,00	100,00	10,00
Wiederanlage zu $i^{*,B}$	0,00	−100,00	109,16
Summe	−100,00	0,00	119,16

Tabelle B.30. *Endvermögen des Investors für Objekt B bei Wiederanlage zum internen Zinssatz*

Objekt B liefert somit bei gleichem Kapitaleinsatz gegenüber Objekt A das höhere Endvermögen und ist somit für den Investor vorzuziehen – dies entspricht der Entscheidung bzgl. relativer Vorteilhaftigkeit der Methode des internen Zinssatzes. Damit hätten wir mit dem internen Zinssatz tatsächlich die richtige Wahl getroffen. Theoretisch wie praktisch ist es allerdings mehr als fraglich, ob es tatsächlich möglich ist, eine weitere Investition zu finden, welche eine Wiederanlage (exakt) zum internen Zinssatz ermöglicht. Wir werden auf dieses Problem im Rahmen der Diskussion der Ergebnisse der nächsten Teilaufgabe eingehen.

Vorher berechnen wir zur Kontrolle noch die vom Investor tatsächlich **realisierte Rendite** y_r, wenn diesem die Wiederanlage zum internen Zinssatz möglich ist und er das soeben berechnete Endvermögen realisieren kann. Wir verwenden die bekannte Gleichung (B.12) für das Endkapital bei gegebenem Anfangskapital:

$$100 \cdot (1 + y_r^A)^2 = 115,76,$$
$$100 \cdot (1 + y_r^B)^2 = 119,16$$

und lösen nach der realisierten Rendite auf:

$$y_r^A = \sqrt{\frac{115,76}{100,00}} - 1 = 7,59\,\%,$$
$$y_r^B = \sqrt{\frac{119,16}{100,00}} - 1 = 9,16\,\%.$$

Der Investor hätte somit bei Objekt B ebenfalls die höhere Rendite realisiert. Ist eine Wiederanlage zum internen Zinssatz möglich, so entsprechen die realisierten Renditen auch den internen Zinssätzen (vgl. Teilaufgabe b).

e) Wir modifizieren hier die Rechnungen aus Teilaufgabe d), indem wir eine Wiederanlage der in $t = 1$ frei werdenden Mittel zum Kalkulationszinssatz von 5 % unterstellen (Prämisse der Kapitalwertmethode). Für Objekt A erhält der Investor aus der Anlage der 10 GE über ein Jahr eine Zahlung in Höhe von $10 \cdot (1 + 5\%)^1 = 10{,}5$ im Zeitpunkt $t = 2$. Die folgende Tabelle B.31 zeigt die Zahlungskonsequenzen, welche ein Endvermögen des Investors im Zeitpunkt $t = 2$ in Höhe von 115,50 GE ergeben:

	0	1	2
IO A	−100,00	10,00	105,00
Wiederanlage zu $i = 5\%$		−10,00	10,50
Summe	−100,00	0,00	115,50

Tabelle B.31. *Endvermögen des Investors für Objekt A bei Wiederanlage zum Kalkulationszinssatz*

Für Objekt B erhält der Investor aus der Anlage der 100 GE eine Zahlung in Höhe von $100 \cdot (1 + 5\%)^1 = 105{,}0$ im Zeitpunkt $t = 2$. Die folgende Tabelle B.32 zeigt die Zahlungskonsequenzen, welche ein Endvermögen des Investors im Zeitpunkt $t = 2$ in Höhe von 115,00 GE zur Folge haben:

	0	1	2
IO B	−100,00	100,00	10,00
Wiederanlage zu $i = 5\%$		−100,00	105,00
Summe	−100,00	0,00	115,00

Tabelle B.32. *Endvermögen des Investors für Objekt B bei Wiederanlage zum Kalkulationszinssatz*

Bevor wir uns die Entscheidung genauer anschauen, berechnen wir noch die **realisierte Rendite** y_r des Investors, wenn diesem nur eine Wiederanlage zum Kalkulationszinssatz möglich ist. Unsere Gleichungen gemäß (B.12) lauten für Objekt A und Objekt B:

$$100 \cdot (1 + y_r^A)^2 = 115{,}50,$$
$$100 \cdot (1 + y_r^B)^2 = 115{,}00.$$

Auflösen nach der realisierten Rendite führt auf:

$$y_r^A = \sqrt{\frac{115{,}50}{100{,}00}} - 1 = 7{,}47\%,$$

$$y_r^B = \sqrt{\frac{115{,}00}{100{,}00}} - 1 = 7{,}24\%.$$

Vergleichen wir diese realisierten Renditen mit den oben berechneten internen Zinssätzen (Teilaufgabe b), so stellen wir zunächst fest, dass diese nun voneinander abweichen. Das ist eine wichtige Erkenntnis: Der interne Zinssatz ist eine **fiktive Größe** – er lässt sich nur in dem Fall tatsächlich realisieren, wenn frei werdende Mittel auch zum internen Zinssatz wiederangelegt werden können. Ist dies nicht der Fall, so wird die realisierte Rendite stets vom internen Zinssatz abweichen.

Wie verhält es sich nun mit der Wahlentscheidung: Können wir die frei werdenden Mittel nur zum Kalkulationszinssatz anlegen, liefert Objekt A bei gleichem Kapitaleinsatz gegenüber Objekt B das höhere Endvermögen bzw. die höhere realisierte Rendite und ist somit für den Investor vorzuziehen – dies entspricht der Entscheidung bzgl. relativer Vorteilhaftigkeit der Kapitalwertmethode. Damit hätten wir hier mit dem Kapitalwert die richtige Wahl getroffen. Welche Methode die richtige Entscheidung liefert, ist also davon abhängig, welche Wiederanlageprämisse in der konkreten Entscheidungssituation Gültigkeit besitzt.

Betrachten wir daher die beiden Prämissen im Detail. Bzgl. der Wiederanlageprämisse des Kapitalwerts (Anlage zum Kalkulationszinssatz) können wir konstatieren, dass diese Anlage stets möglich sein sollte: Der Kalkulationszinssatz stellt auf dem vollkommenen Kapitalmarkt ja gerade jenen Zinssatz dar, zu dem unbegrenzt Kapital angelegt werden kann. Somit ist auch eine Wiederanlage zum Kalkulationszinssatz jederzeit unbegrenzt möglich. Wie steht es dagegen um die Wiederanlage zum internen Zinssatz? Liegt der interne Zinssatz über dem Kalkulationszinssatz (nur in diesem Fall kommt das Investitionsobjekt überhaupt in Betracht), so ergibt sich aus der Wiederanlage zum internen Zinssatz ein positiver Kapitalwert. Die Existenz einer Wiederanlagemöglichkeit mit positivem Kapitalwert erscheint auf einem vollkommenen Kapitalmarkt nun allerdings paradox: Wenn es diese tatsächlich geben sollte und diese unabhängig von dem Investitionsobjekt realisiert werden könnte, dann würde diese auch ohne das Investitionsobjekt durchgeführt werden und stünde daher gar nicht mehr zur Verfügung (auf dem vollkommenen Kapitalmarkt ist nämlich eine unbegrenzte Geldaufnahme zum Kalkulationszinssatz möglich und alle Investitionsobjekte mit positivem Kapitalwert werden realisiert). Wenn die zusätzliche Investition dagegen nur gemeinsam mit dem Investitionsobjekt zu realisieren wäre, dann hätte von Anfang an auch das „Bündel" an Investitionsmaßnahmen als weitere Alternative betrachtet werden sollen.

Als Fazit lässt sich festhalten, dass die Wiederanlage zum internen Zinssatz für den vollkommenen Kapitalmarkt unplausibel erscheint und die Methode des internen Zinssatzes somit für die relative Vorteilhaftigkeitsentscheidung nicht verwendet werden sollte[2] – allein die Kapitalwertmethode liefert hier die richtige Entscheidung! Ist der interne Zinssatz damit vollkommen unbrauchbar? Nicht ganz, denn anders kann sich die Situation für einen **unvollkommenen Kapitalmarkt** darstellen, auf dem keine unbegrenzte Kapitalaufnahme möglich ist (so wie es in der Realität regelmäßig der Fall sein wird). Hier konkurrieren typischerweise viele Investitionsobjekte um ein knappes Budget. Gibt es hier Unterschiede in der Kapitalbindung (weil Mittel früher frei werden bzw. die zur Wahl stehenden Investitionsobjekte unterschiedliche

---

[2] Vgl. auch Kruschwitz (2014).

Anschaffungsauszahlungen haben), so steht möglicherweise tatsächlich eine **Diffe-renzinvestition** mit einem positiven Kapitalwert zur Verfügung, welche aufgrund der Budgetrestriktion bei der Wahl eines Investitionsobjekts mit höherer Kapital-bindung nicht realisiert worden wäre. In diesem Fall kann es durchaus sinnvoll sein, im Rahmen einer **Investitionsprogrammentscheidung** auf den internen Zinssatz als Kriterium zurückzugreifen.

f) Die Objekte C und D stellen nun weitere Möglichkeiten dar, die bei Objekt B im Zeitpunkt $t = 1$ frei werdenden Mittel wiederanzulegen. Insofern handelt es sich um gegenüber den allgemeinen Wiederanlageprämissen der Kapitalwertmethode und der Methode des internen Zinssatzes abweichende, spezielle Wiederanlagemöglich-keiten.

Um zu prüfen, ob diese Wiederanlagen für sich genommen überhaupt sinnvolle (absolut vorteilhafte) Investitionen darstellen, berechnen wir den Kapitalwert der beiden Objekte zum Zeitpunkt $t = 1$:

$$KW_1^C = -80 + 83 \cdot (1 + 5\%)^{-1} = -0{,}95,$$
$$KW_1^D = -70 + 80 \cdot (1 + 5\%)^{-1} = 6{,}19.$$

Da das Objekt C einen negativen Kapitalwert aufweist, schließen wir es von unseren weiteren Betrachtungen aus und konzentrieren uns auf Objekt D.

Nach dem Konzept der **Differenzinvestition** machen wir nun die Zahlungsströme der zu analysierenden Investitionsobjekte über deren Laufzeit **vergleichbar**. Die Vorteilhaftigkeit bewerten wir dann anhand des **Endvermögens** im letzten Zeit-punkt. Für die Aufgabenstellung liegt uns lediglich eine Möglichkeit der Differenz-investition (Objekt D) vor, die auch nur in Kombination mit Objekt B realisiert werden kann. Sollten sich auch nach Einbezug der Differenzinvestition Unterschie-de in den Zahlungsreihen ergeben, so werden wir diese wie angegeben durch eine Investition am Kapitalmarkt zum Kalkulationszinssatz ausgleichen.

Werfen wir vor diesem Hintergrund noch einmal einen Blick auf die Zahlungsreihen der zu vergleichenden Objekte A und B (Tabelle B.33).

	0	1	2
Objekt A	-100	10	105
Objekt B	-100	100	10
Differenz	0	-90	95

Tabelle B.33. *Zahlungsreihen der Objekte A und B*

Im Zeitpunkt $t = 0$ sind die Zahlungsreihen vergleichbar: die Differenz der Zahlun-gen beträgt null. Hier ist keine Differenzinvestition notwendig. Im Zeitpunkt $t = 1$ werden bei Objekt B deutlich mehr Mittel (90 GE) gegenüber Objekt A frei. Um die Zahlungsreihen vergleichbar zu machen, müssen wir also für Objekt B eine Differenz-investition für 90 GE finden. Dazu steht Objekt D bereit, das allerdings nur eine

Auszahlung von 70 GE im Zeitpunkt $t = 1$ erfordert; die restlichen 20 GE investieren wir daher zusätzlich am Kapitalmarkt. Der Zeitpunkt $t = 2$ stellt bereits den letzten Zeitpunkt dar, womit hier keine weitere Analyse einer Differenzinvestition notwendig ist.

Die folgende Tabelle B.34 stellt die Zahlungskonsequenzen dar.

	0	1	2
IO A	−100,00	10,00	105,00
IO B	−100,00	100,00	10,00
+ IO D		−70,00	80,00
+ Kapitalmarkt		−20,00	21,00
Differenz A vs. B	0,00	0,00	−6,00

Tabelle B.34. *Zahlungsreihen mit Differenzinvestitionen*

Im Zeitpunkt $t = 1$ werden aus den Rückflüssen des Objekts B insgesamt 70 GE in das Objekt D investiert. Der daraus resultierende Rückfluss in $t = 2$ beträgt 80 GE. Zusätzlich werden 20 GE am Kapitalmarkt zum Kalkulationszinssatz von $5\,\%$ investiert, womit sich per $t = 2$ ein Rückfluss von $20 \cdot (1+5\%) = 21$ ergibt. Damit sind die Zahlungsreihen beider Objekte A und B in den Zeitpunkten $t = 0$ und $t = 1$ nun vergleichbar und wir prüfen die Vorteilhaftigkeit anhand der Differenz im letzten Zahlungszeitraum $t = 2$. Hier liefert Objekt B inkl. der Differenzinvestition den größeren Endwert (um 6 GE größer), womit dieses Objekt relativ vorteilhaft ist. Damit haben wir wiederum ein abweichendes Ergebnis zur Kapitalwertmethode, nach welcher Objekt A relativ vorteilhaft ist (vgl. Teilaufgabe a).

g) Wie die Wiederanlageprämisse des internen Zinssatzes (vgl. die Diskussion in Aufgabenteil e), erscheint das Konzept der Differenzinvestition auf einem vollkommenen Kapitalmarkt als wenig überzeugend: Die notwendige Bedingung für die Durchführung der Differenzinvestition ist ein positiver Kapitalwert. Hat die Differenzinvestition einen positiven Kapitalwert, so würde diese aber unabhängig von dem zu betrachtenden Investitionsobjekt durchgeführt werden und stünde daher gar nicht mehr zur Verfügung. In der Teilaufgabe wurde daher mit der Annahme gearbeitet, dass das Objekt D nur in Kombination mit dem Objekt B durchführbar sei. Dann stellt sich aber die Frage, warum man nicht gleich dieses „Bündel" an Investitionsmaßnahmen, welches offenbar zusammengehört, betrachtet hat.

Für den vollkommenen Kapitalmarkt können wir daher allgemein folgern, dass alle Investitionsobjekte mit positivem Kapitalwert realisiert werden sollten und bei sich ausschließenden Objekten stets jenes mit dem höchsten Kapitalwert gewählt werden sollte. Die Existenz abweichender Wiederanlagemöglichkeiten (sei es gemäß der Prämisse des internen Zinssatzes oder jede andere Wiederanlagemöglichkeit mit positivem Kapitalwert) widerspricht letztlich den Prämissen des vollkommenen Kapitalmarkts.

Aufgabe 26   Unternehmensbewertung

a) Zur Bestimmung des Kapitalwerts nutzen wir die Kapitalwertformel (B.24) und
stellen zunächst wieder tabellarisch die periodischen Ein- und Auszahlungen zusammen, um anschließend mittels Abzinsungsfaktor $(1+i)^{-n}$ deren Barwerte zu
berechnen (vgl. Tabelle B.35).

	0	1	2	3	4	5
Umsatzerlöse		40.000,00	80.000,00	480.000,00	180.000,00	60.000,00
Marketing u. Betrieb	−100.000,00	−40.000,00	−40.000,00	−40.000,00	−40.000,00	−40.000,00
App-Entwicklung	−200.000,00					
Nettozahlung	−300.000,00	0,00	40.000,00	440.000,00	140.000,00	20.000,00
Abzinsungsfaktor	1,000	0,870	0,756	0,658	0,572	0,497
Barwert	−300.000,00	0,00	30.245,75	289.307,14	80.045,45	9.943,53
Kapitalwert	109.541,88					

Tabelle B.35. *Nettozahlungsreihe und Berechnung des Kapitalwerts*

Der einzahlungswirksame Umsatz ergibt sich durch Multiplikation der jährlichen
Absatzzahlen mit dem Verkaufspreis. Die Auszahlungen resultieren aus der einmaligen Anfangsinvestition für die App-Entwicklung sowie den jährlichen Auszahlungen für Marketing und Betrieb. Die Auszahlung für die Entwicklung des Prototypen
(5.000 EUR) spielt für die Investitionsrechnung keine Rolle, da diese bereits in der
Vergangenheit angefallen ist und somit nicht mehr entscheidungsrelevant ist (man
bezeichnet diese daher auch als „**sunk costs**").

Der Kapitalwert der Investition ist positiv, womit das Start-up-Projekt als absolut
vorteilhaft zu beurteilen ist. Natürlich setzen wir dabei voraus, dass die Umsätze
auch tatsächlich wie geplant realisiert werden können.

b) Um die grundsätzliche Vorteilhaftigkeit der zusätzlichen Marketing-Aktivitäten zu
bewerten, ist die in Aufgabenteil a) erstellte Zahlungsreihe entsprechend anzupas-
sen.[3] So erhöhen sich die Umsatzerlöse der Jahre $t = 1$ und $t = 2$ aufgrund der
gestiegenen Kundenzahl; gleichzeitig steigen die Auszahlungen in $t = 0$ für die
zusätzlichen Marketing-Aktivitäten um 100.000 EUR. Tabelle B.36 stellt die modifizierte Nettozahlungsreihe mit Berechnung des Kapitalwerts dar.

---

[3] Alternativ kann auch separat der Kapitalwert der zusätzlichen Marketing-Aktivitäten berechnet
werden.

	0	1	2	3	4	5
Umsatzerlöse		120.000,00	160.000,00	480.000,00	180.000,00	60.000,00
Marketing u. Betrieb	−200.000,00	−40.000,00	−40.000,00	−40.000,00	−40.000,00	−40.000,00
App-Entwicklung	−200.000,00					
Nettozahlung	−400.000,00	80.000,00	120.000,00	440.000,00	140.000,00	20.000,00
Abzinsungsfaktor	1,000	0,870	0,756	0,658	0,572	0,497
Barwert	−400.000,00	69.565,22	90.737,24	289.307,14	80.045,45	9.943,53
Kapitalwert	139.598,59					

Tabelle B.36. *Modifizierte Nettozahlungsreihe und Berechnung des Kapitalwerts*

Es ergibt sich ein Kapitalwert von 139.598,59 EUR, der um rund 30.000 EUR größer ausfällt als in Teilaufgabe a). Insofern lässt sich schlussfolgern, dass die zusätzlichen Marketing-Aktivitäten für sich gesehen tatsächlich vorteilhaft sind.

Für die Frage, ob sich der **Einstieg des Investors** lohnt, stellen wir zwei unterschiedliche Überlegungen an. Zunächst fragen wir uns, ob der geforderte Anteil in Höhe von 22,5 % gerechtfertigt erscheint – und zwar hinsichtlich der dafür zur Verfügung gestellten Summe von 100.000 EUR (letztlich stellt dieser Betrag den Kaufpreis der Anteile dar). Dazu setzen wir die Investitionssumme ins Verhältnis zum **Ertragswert** des Start-ups. Der Ertragswert stellt die Summe der diskontierten zukünftigen Nettozahlungen dar. Zu dessen Berechnung müssen wir in unserem Fall keine neue Rechnung aufstellen, sondern können zum oben berechneten Kapitalwert die Anfangsauszahlung in Höhe von 400.000 EUR (App-Entwicklung und Marketing im Zeitpunkt $t = 0$) addieren:

$$139.598,59 + 400.000,00 = 539.598,59.$$

Der Barwert der zukünftigen Zahlungen und damit der Ertragswert des Start-ups beträgt 539.598,59 EUR – auf diesen Ertragswert haben die Inhaber des Unternehmens Anspruch. Setzten wir nun die 100.000 EUR Kaufpreis des Investors ins Verhältnis zum Ertragswert, so ergibt sich ein **rechnerischer Anteil** des Investors am Start-up in Höhe von:

$$\frac{100.000,00}{539.598,59} = 18,53 \%.$$

Dementsprechend erscheint die Höhe der geforderten Anteilsquote von 22,5 % nicht gerechtfertigt, da diese über dem rechnerischen Anteil am Unternehmenswert liegt: Wir würden Anteile unseres Start-up somit „unter Wert" verkaufen. Um dies zu veranschaulichen, berechnen wir nun den Kapitalwert unserer Investition unter Einbezug des Investors. Durch den Investor müssen wir abweichend zu Tabelle B.35 anfänglich nur noch 300.000 EUR Anfangskapital aufbringen, dafür erhält der Investor allerdings auch einen Anspruch auf 22,5 % der zukünftigen Nettozahlungen, was unsere Einzahlungen reduziert. Tabelle B.37 zeigt die neuen Zahlungskonsequenzen.

	0	1	2	3	4	5
Nettozahlung	−400.000,00	80.000,00	120.000,00	440.000,00	140.000,00	20.000,00
Investor (22,5 %)	100.000,00	−18.000,00	−27.000,00	−99.000,00	−31.500,00	−4.500,00
Restzahlung	−300.000,00	62.000,00	93.000,00	341.000,00	108.500,00	15.500,00
Abzinsungsfaktor	1,000	0,870	0,756	0,658	0,572	0,497
Barwert	−300.000,00	53.913,04	70.321,36	224.213,04	62.035,23	7.706,24
Kapitalwert	118.188,91					

Tabelle B.37. *Verbleibender Zahlungsstrom nach Beteiligung des Investors mit 22,5 %*

Der Kapitalwert von 118.188,91 EUR unterschreitet den Kapitalwert ohne die Beteiligung des Investors (139.598,50 EUR) deutlich. Wir würden uns also wesentlich besser stellen, wenn wir die Investition ohne die Beteiligung des Investors vornehmen würden.

Nun kann es natürlich sein, dass wir uns die 100.000 EUR zusätzliche Auszahlung gar nicht leisten können bzw. leisten wollen und auch keinen Fremdkapitalgeber finden, der uns diese Summe für die offensichtlich vorteilhafte zusätzliche Investition zur Verfügung stellt. Um zu prüfen, ob der Einstieg des Investors trotz der „unfairen" Anteilsquote in diesem Fall dennoch vorteilhaft ist, vergleichen wir den oben berechneten Kapitalwert in Höhe von 118.188,91 EUR mit dem Kapitalwert ohne Durchführung der zusätzlichen Investition aus Aufgabenteil a). Dieser liegt mit 109.541,88 EUR deutlich unter dem Wert bei Beteiligung des Investors. Insofern erscheint in diesem Fall trotz „unfairer" Anteilsquote die Beteiligung des Investors insgesamt vorteilhaft.

c) Die höhere Anteilsquote von 25 % erscheint vor dem Hintergrund der Überlegungen in Teilaufgabe b) ebenfalls nicht gerechtfertigt, wenn man diese mit der „fairen" Anteilsquote von 18,53 % vergleicht. Um beurteilen zu können, ob wir uns wie in Teilaufgabe b) immer noch gegenüber einer Unterlassung der Investition in die zusätzlichen Marketing-Aktivitäten besser stellen, replizieren wir Tabelle B.37 mit der veränderten Anteilsquote von 25 % (vgl. Tabelle B.38).

	0	1	2	3	4	5
Nettozahlung	−400.000,00	80.000,00	120.000,00	440.000,00	140.000,00	20.000,00
Investor (25 %)	100.000,00	−20.000,00	−30.000,00	−110.000,00	−35.000,00	−5.000,00
Restzahlungen	−300.000,00	60.000,00	90.000,00	330.000,00	105.000,00	15.000,00
Abzinsungsfaktor	1,000	0,870	0,756	0,658	0,572	0,497
Barwert	−300.000,00	52.173,91	68.052,93	216.980,36	60.034,09	7.457,65
Kapitalwert	104.698,94					

Tabelle B.38. *Verbleibender Zahlungsstrom nach Beteiligung des Investors mit 25 %*

Durch die höhere Anteilsquote steigt der Anspruch des Investors auf die zukünftigen Zahlungsströme, was unsere Restzahlungen und damit unseren Kapitalwert auf 104.698,94 EUR reduziert. Dieser Wert liegt nun auch unter dem Kapitalwert aus Teilaufgabe a), womit die Beteiligung des Investors in jedem Fall als unvorteilhaft erscheint.

Aufgabe 27   Unternehmensanleihe

a) Der Inhaber erhält durch die (Kupon-)Anleihe ein Anrecht auf einen Zahlungsstrom, der sich aus den jährlichen Zinskupons sowie der endfälligen Tilgung des Nominalwerts zusammensetzt. Um den aktuellen Marktwert KA der Kuponanleihe zu bestimmen, müssen wir den Barwert dieses Zahlungsstroms berechnen. Dazu diskontieren wir die einzelnen Zahlungen mit dem am Markt gültigen Kalkulationszinssatz. Der Zahlungsstrom der hier betrachteten Anleihe hat folgende Gestalt:

	$t = 1$	$t = 2$	$t = 3$
Zahlung	3 Mio. EUR	3 Mio. EUR	103 Mio. EUR

Tabelle B.39. *Zahlungsstrom der Anleihe*

Am Ende jedes Jahres zahlt die Anleihe einen Zinskupon in Höhe von 3 Mio. EUR (3 % · 100 Mio.). Im dritten Jahr wird die Anleihe getilgt und der Inhaber erhält zusätzlich zum Zinskupon den Nominalwert in Höhe von 100 Mio. EUR.

Diskontieren wir diese Zahlungen mit dem Zinssatz von 2%, so erhalten wir für den Marktwert der Anleihe:

$$KA = 3 \cdot (1 + 2\,\%)^{-1} + 3 \cdot (1 + 2\,\%)^{-2} + 103 \cdot (1 + 2\,\%)^{-3} = 102{,}88.$$

An der Börse werden Anleihen mit ihrem **Kurs** angegeben. Wir erhalten den Kurs der Anleihe, indem wir den Marktwert von 102,88 Mio. EUR durch den Nominalwert dividieren:

$$\text{Kurs} = \frac{102{,}88}{100{,}00} = 102{,}88\,\%.$$

Man kann den Kurs der Anleihe auch direkt berechnen, indem wir die prozentualen Werte diskontieren:

$$\text{Kurs} = 3\,\% \cdot (1 + 2\,\%)^{-1} + 3\,\% \cdot (1 + 2\,\%)^{-2} + 103\,\% \cdot (1 + 2\,\%)^{-3} = 102{,}88\,\%.$$

b) Wird die Anleihe zu dem in Aufgabenabschnitt a) berechneten Wert gekauft, beträgt der Kapitalwert dieser Investition genau null. Daraus folgt, dass der interne Zinssatz dem Kalkulationszinssatz von 2 % entspricht.

c) Der Investor kann nicht in jedem Fall mit dem Erwerb der Anleihe eine Rendite in Höhe des berechneten internen Zinssatzes realisieren, weil die **Wiederanlageprämisse** des internen Zinssatzes berücksichtigt werden muss. Demnach kann er die Rendite lediglich dann erzielen, wenn auch die zwischenzeitlich erhaltenen Kuponzahlungen wieder zum internen Zinssatz angelegt werden können.

d) Nach unserer Berechnung in Teilaufgabe a) notiert die Anleihe zu einem Kurs über 100 % (man sagt auch „**über pari**"), d. h., der Marktwert der Anleihe liegt über deren Nominalwert (Rückzahlungsbetrag). Der höhere Kurs ist darin begründet, dass die Anleihe gegenüber der Anlage zum aktuellen Marktzinssatz (=Kalkulationszinssatz) einen höheren Zinskupon zahlt. Dieser Vorteil spiegelt sich in einem höheren Kurs der Anleihe wider. Kauft ein Investor die Anleihe zu diesem höheren Kurs, so ergibt sich ein interner Zinssatz in Höhe des aktuellen Marktzinsniveaus (vgl. Teilaufgabe b).

Dieser Zusammenhang kann verallgemeinert werden: Liegt das Zinsniveau am Kapitalmarkt unter dem Zinskupon der Anleihe, so wird die Anleihe über 100 % notieren. Anders herum ergibt sich ein Kurs unter 100 %, wenn das Zinsniveau am Kapitalmarkt oberhalb des Zinskupons der Anleihe liegt. In diesem Fall hat die Anleihe einen Nachteil gegenüber der Investition zum aktuellen Zinssatz am Kapitalmarkt, was sich in einem geringen Kurs der Anleihe niederschlägt. Der Kurs der Anleihe gleicht also die Unterschiede im Kuponzinssatz der Anleihe und dem Marktzinsniveau aus, so dass der interne Zinssatz der Investition in die Anleihe stets dem aktuellen Zinssatz am Kapitalmarkt entspricht. Je kürzer nun die Laufzeit der Anleihe ist, desto weniger stark wirkt sich ein möglicher Zinsunterschied von Kuponzinssatz und Marktzinssatz auf den Kurs der Anleihe aus. Am Ende der Laufzeit notiert jede Anleihe bei 100 % (also zu ihrem Rückzahlungsbetrag).

Zu beachten ist, dass wir bei den obigen Überlegungen ein mögliches **Ausfallrisiko** der Anleihe ausgeblendet haben. In der Praxis hat natürlich auch das Risiko, dass der Schuldner die Anleihe nicht vollständig bedienen kann, (erhebliche) Auswirkungen auf den Wert der Anleihe.

e) Nach einem Jahr beträgt die Restlaufzeit der Anleihe nur noch zwei Jahre. Wir erhalten mit dem neuen Kalkulationszinssatz von 4 % nach der Zinsänderung:

$$KA = 3 \cdot (1 + 4\,\%)^{-1} + 103 \cdot (1 + 4\,\%)^{-2} = 98{,}11.$$

Der Wert der Anleihe ist nun unter den Nominalwert gefallen (die Anleihe notiert „**unter pari**"), da das aktuelle Marktzinsniveau höher als der Kupon der Anleihe ist.

f) Um die realisierte Rendite des Investors zu berechnen, bestimmen wir zunächst das Endvermögen zum Zeitpunkt $t = 3$ unter der Annahme, dass die Kuponzahlungen zum neuen Marktzinssatz von 4 % reinvestiert werden. Dazu zinsen wir die Kuponzahlungen des ersten und zweiten Jahres mit 4 % über die jeweilige Laufzeit auf und erhalten für das Jahr $t = 3$:

$$\text{Reinvestition im 1. Jahr: } 3 \cdot (1 + 4\,\%)^2 = 3{,}24,$$
$$\text{Reinvestition im 2. Jahr: } 3 \cdot (1 + 4\,\%)^1 = 3{,}12.$$

Addieren wir dazu die Zahlung des dritten Jahres in Höhe von 103 Mio. EUR, so erhalten wir für das Endvermögen:

$$3{,}24 + 3{,}12 + 103{,}00 = 109{,}36.$$

Mit dem ursprünglich per $t = 0$ bezahlten Kaufpreis der Anleihe in Höhe von 102,88 Mio. EUR ergibt sich eine realisierte Rendite in Höhe von:

$$y_r = \sqrt[n]{\frac{K_n}{K_0}} - 1 = \sqrt[3]{\frac{109,36}{102,88}} - 1 = 2,06\,\%.$$

Die realisierte Rendite liegt damit etwas über dem in Teilaufgabe b) berechneten internen Zinssatz. Dies ist darin begründet, dass der Investor die zukünftigen Kuponzahlungen zu einem höheren Zinssatz reinvestieren konnte.

g) Verkauft der Investor die Anleihe im Zeitpunkt $t = 1$, so kann er den in Teilaufgabe e) berechneten Verkaufserlös in Höhe von 98,11 Mio. EUR sowie die im Zeitpunkt $t = 1$ erhaltene Kuponzahlung in Höhe von 3 Mio. EUR zum Zinssatz von 4 % reinvestieren. Er erhält aus dieser Investition zum Zeitpunkt $t = 3$:

$$(98,11 + 3,00) \cdot (1 + 4\,\%)^2 = 109,36.$$

Mit dem ursprünglich per $t = 0$ bezahlten Kaufpreis der Anleihe in Höhe von 102,88 Mio. EUR ergibt sich eine realisierte Rendite von:

$$y_r = \sqrt[3]{\frac{109,36}{102,88}} - 1 = 2,06\,\%.$$

Diese Rendite entspricht exakt der in Teilaufgabe g) berechneten Verzinsung, womit sich kein Vorteil aus dem Verkauf der Anleihe ergibt.

Aufgabe 28   Vollständiger Finanzplan

a) Hier liegt die Situation eines **unvollkommenen Kapitalmarkts** vor, der (unter anderem) durch unterschiedliche Soll- und Habenzinssätze gekennzeichnet ist. Damit können wir nicht einfach die Nettozahlungen mit einem einheitlichen Kalkulationszinssatz auf- bzw. abzinsen. Wir müssen nun im Detail beachten, wie das Investitionsobjekt finanziert ist und wie wir die zukünftig frei werdenden Mittel verwenden werden.

Zur Lösung der vorliegenden Aufgabenstellung bietet sich die Verwendung eines **vollständigen Finanzplans** an. Dieser kann sowohl unterschiedliche Soll- und Habenzinssätze als auch unterschiedliche Finanzierungsformen berücksichtigen. Die Zielgröße im Rahmen des vollständigen Finanzplans ist der **Vermögensendwert** der Investition, wobei folgende Entscheidungskriterien gelten:

- **Absolute Vorteilhaftigkeit**: Es sind die Investitionen zu realisieren, deren Vermögensendwert größer als bei der Opportunität bzw. bei Unterlassung sind.

- **Relative Vorteilhaftigkeit**: Es ist das Investitionsobjekt mit dem größten Vermögensendwert zu wählen.

Technisch werden bei einem vollständigen Finanzplan (mindestens) zwei Konten geführt: ein oder mehrere **Darlehenskonten**, auf denen die Entwicklung der Schulden dargestellt ist, sowie ein **Kapitalkonto**, auf dem die Entwicklung des Geldvermögens des Investors abgebildet wird. Der Finanzierungssaldo ist dabei in jeder Periode vor Ende der Laufzeit genau null, d. h., zwischenzeitliche Finanzmittelüberschüsse nach Zahlung von Zinsen und Tilgung für das Fremdkapital werden zum Habenzinssatz auf dem Kapitalkonto angelegt.

Tabelle B.40 zeigt den vollständigen Finanzplan für unser Wohnbauprojekt. Der Finanzplan beginnt mit den Nettozahlungen des Investitionsobjekts, die sich aus den Angaben zu den Herstellungskosten des Objekts, den Mieteinnahmen sowie den Verkaufserlösen für die Wohnungen herleiten lassen. Die Herstellungskosten in Höhe von 20.000 TEUR werden zu 30 % durch Eigenkapital (6.000 TEUR) finanziert; die restlichen 14.000 TEUR werden dementsprechend durch ein Darlehen bereitgestellt. Das Darlehenskonto startet folglich mit einem Endbestand im Zeitpunkt $t = 0$ in Höhe von 14.000 TEUR. Da es sich um ein endfälliges Darlehen handelt, erfolgt die Tilgung erst im Zeitpunkt $t = 5$. Zwischenzeitlich sind lediglich Zinsen in Höhe von $3\% \cdot 14.000 = 420$ TEUR zu berücksichtigen. In den Jahren $t = 1$ bis $t = 4$ verbleibt in jeder Periode ein Finanzmittelüberschuss in Höhe der Differenz aus Nettozahlung und Zinszahlung. Da der Finanzierungssaldo in jeder Periode null betragen soll, wird dieser Überschuss am Kapitalmarkt investiert und erhöht somit das Kapitalkonto des Investors. Aus dieser Anlage erhält der Investor Habenzinsen in Höhe von 1 % p. a. auf das angelegte Kapital, die ebenfalls wieder angelegt werden. In der letzten Periode $t = 5$ ist schließlich noch die Tilgung des Darlehens zu berücksichtigen.

	0	1	2	3	4	5
Nettozahlung	−20.000,00	6.550,00	550,00	550,00	550,00	15.550,00
Kapitalkonto						
Anfangsbestand			6.130,00	6.321,30	6.514,51	6.709,66
Entnahme/Anlage		−6.130,00	−130,00	−130,00	−130,00	−1.130,00
Habenzinsen			61,30	63,21	65,15	67,10
Endbestand		6.130,00	6.321,30	6.514,51	6.709,66	7.906,75
Darlehenskonto						
Anfangsbestand		14.000,00	14.000,00	14.000,00	14.000,00	14.000,00
Aufnahme/Tilgung	14.000,00					−14.000,00
Sollzinsen			−420,00	−420,00	−420,00	−420,00
Endbestand	14.000,00	14.000,00	14.000,00	14.000,00	14.000,00	0,00

Tabelle B.40. *Vollständiger Finanzplan bei endfälliger Tilgung*

Der Endbestand auf dem Kapitalkonto und mithin der Vermögensendwert der Investition beträgt 7.906,75 TEUR. Damit erhält der Projektentwickler am Ende der Laufzeit ein höheres Vermögen, als er zu Beginn an Eigenkapital eingesetzt hat (6.000 TEUR). Um beurteilen zu können, ob die Investition tatsächlich vorteilhaft ist, müssen wir das Endvermögen noch mit der Mindestverzinsung vergleichen, die lt. Aufgabenstellung 7 % p. a. beträgt. Bei Verzinsung der 6.000 TEUR Eigenkapital zu 7 % über die Laufzeit von fünf Jahren hätte der Projektentwickler ein Endvermögen erhalten in Höhe von:

$$6.000 \cdot (1 + 7\,\%)^5 = 8.415{,}31.$$

Damit ist die Investition für den Projektentwickler nicht vorteilhaft, da das Endvermögen bei Durchführung der Investition geringer ist als jenes bei Anlage zur Opportunität.

Alternativ können wir auch die realisierte Rendite y_r des Projektentwicklers ermitteln:

$$y_r = \sqrt[5]{\frac{7.906{,}75}{6.000{,}00}} - 1 = 5{,}67\,\%.$$

Die Rendite liegt mit 5,67 % unterhalb der Mindestverzinsung von 7 %, womit die Investition auf diesem Weg ebenfalls als nicht vorteilhaft zu bewerten ist.

b) Grundsätzlich erscheint die Nutzung des **Sondertilgungsrechts** sinnvoll, da der Projektentwickler damit zwar auf die Anlage am Kapitalmarkt verzichtet (Habenzinssatz 1 %), gleichzeitig aber 3 % Sollzinsen spart. Damit wird der Vermögensendwert bzw. die realisierte Rendite steigen. Es sollte also so umfangreich wie möglich von diesem Recht Gebrauch gemacht werden. Der Finanzplan aus Teilaufgabe a) ist entsprechend um die Sondertilgung zu modifizieren, womit sich ein abweichender Darlehensbestand vor Ende der Laufzeit ergibt. Tabelle B.41 zeigt den modifizierten Finanzplan.

	0	1	2	3	4	5
Nettozahlung	$-20.000{,}00$	6.550,00	550,00	550,00	550,00	15.550,00
Kapitalkonto						
Anfangsbestand			1.130,00	1.130,00	1.130,00	1.130,00
Entnahme/Anlage		$-1.130{,}00$				$-7.218{,}69$
Habenzinsen			11,30	11,30	11,30	11,30
Endbestand		1.130,00	1.130,00	1.130,00	1.130,00	8.348,69
Darlehenskonto						
Anfangsbestand		14.000,00	9.000,00	8.708,70	8.408,66	8.099,62
Aufnahme/Tilgung	14.000,00	$-5.000{,}00$	$-291{,}30$	$-300{,}04$	$-309{,}04$	$-8.099{,}62$
Sollzinsen		$-420{,}00$	$-270{,}00$	$-261{,}26$	$-252{,}26$	$-242{,}99$
Endbestand	14.000,00	9.000,00	8.708,70	8.408,66	8.099,62	0,00

Tabelle B.41. *Vollständiger Finanzplan mit Sondertilgungsrecht (in TEUR)*

Im Jahr $t = 1$ wird in vollem Umfang von der Sondertilgung (maximal 5.000 TEUR) Gebrauch gemacht; der verbleibende Überschuss in Höhe von 1.130 TEUR wird wieder am Kapitalmarkt angelegt. In den Folgejahren werden alle Überschüsse inkl. der erhaltenen Habenzinsen zur Sondertilgung verwendet.[4]

---

[4] Man könnte von der Sondertilgung in noch höherem Umfang Gebrauch machen, indem die anfänglichen Mittel vom Kapitalkonto in den kommenden Jahren wieder abgehoben werden und ebenfalls zur Tilgung verwendet werden.

Der Endbestand auf dem Kapitalkonto beträgt nun 8.348,69 TEUR und fällt damit wie erwartet höher aus als in Teilaufgabe a). Allerdings liegt der Wert weiterhin unter dem oben berechneten Endbestand bei Anlage zur Opportunität von 7 % p. a. (8.415,31 TEUR). Damit ist die Investition weiterhin nicht vorteilhaft. Zur gleichen Schlussfolgerung kommen wir, wenn wir die Mindestverzisung mit der realisierten Rendite auf Basis des neuen Vermögensendwerts vergleichen:

$$y_r = \sqrt[5]{\frac{8.348,69}{6.000,00}} - 1 = 6,83\,\%.$$

Die Rendite liegt mit 6,83 % nach wie vor unterhalb der Mindestverzinsung von 7 %.

Aufgabe 29   Optimale Nutzungsdauer

Bei der Bestimmung der optimalen Nutzungsdauer erhält die Nutzungsdauer selbst die Rolle des Entscheidungsproblems. Wir suchen nun jene Nutzungsdauer, welche den **Kapitalwert** der Investition **maximiert**. In unserem konkreten Fall haben wir es mit zwei gegenläufigen Effekten zu tun: Auf der einen Seite steigt die Summe der Barwerte der Nettozahlungen mit jedem zusätzlichem Jahr Nutzungsdauer. Auf der anderen Seite reduziert jedes Jahr zusätzliche Nutzungsdauer den Liquidationserlös eines Tankwagens.

Um die Nutzungsdauer mit dem maximalen Kapitalwert zu finden, bleibt uns nichts anderes übrig, als für jede mögliche technische Nutzungsdauer den resultierenden Kapitalwert zu berechnen (vgl. Tabelle B.42). Der Kapitalwert aus dem Betrieb eines Tankwagens ergibt sich als Summe der diskontierten Nettozahlungen Z_t über dessen Nutzungsdauer zzgl. des barwertigen Liquidationserlöses L_t. In der Tabelle wird dazu zunächst der Barwert (BW) der einzelnen Nettozahlungen berechnet (4. Spalte) und dieser in der nächsten Spalte bis zum jeweiligen Jahr t kumuliert. Addiert man dazu den Barwert des Liquidationserlöses L_t bei Liquidation im Zeitpunkt t, erhält man den Kapitalwert (KW) bei Abbruch in Periode t.

Exemplarisch sei die Berechnung für das siebte Jahr betrachtet:

- Barwert der Nettozahlung aus $t = 7$:
  $14.000 \cdot (1 + 12\,\%)^{-7} = 6.332,89$,

- Kum. Barwerte der Nettozahlungen bis $t = 7$:
  $-6.702,03 + 6.332,89 = -369,14$,

- Barwert des Liquidationserlöses L_7:
  $18.000 \cdot (1 + 12\,\%)^{-7} = 8.142,29$,

- Kapitalwert bei Abbruch in der Periode $t = 7$:
  $18.000,00 + (-369,14) = 7.773,15$.

t	Z_t	L_n	BW Z_t	$\sum BW Z_t$	BW L_t	KW Abbruch in t
0	-80.000		$-80.000,00$	$-80.000,00$	0,00	$-80.000,00$
1	20.000	54.000	17.857,14	$-62.142,86$	48.214,29	$-13.928,57$
2	19.000	48.000	15.146,68	$-46.996,17$	38.265,31	$-8.730,87$
3	18.000	42.000	12.812,04	$-34.184,13$	29.894,77	$-4.289,36$
4	17.000	36.000	10.803,81	$-23.380,32$	22.878,65	$-501,67$
5	16.000	30.000	9.078,83	$-14.301,49$	17.022,81	2.721,31
6	15.000	24.000	7.599,47	$-6.702,03$	12.159,15	5.457,12
7	14.000	18.000	6.332,89	$-369,14$	8.142,29	7.773,15
8	13.000	12.000	5.250,48	4.881,35	4.846,60	9.727,94
9	12.000	6.000	4.327,32	9.208,67	2.163,66	11.372,33
10	11.000	0	3.541,71	12.750,37	0,00	12.750,37

Tabelle B.42. *Berechnung der optimalen Nutzungsdauer*

Der maximale Kapitalwert ergibt sich bei einer Nutzungsdauer von zehn Jahren. Die optimale Nutzungsdauer eines Tankwagen beträgt somit zehn Jahre und entspricht damit der technischen Nutzungsdauer, d. h., die Fahrzeuge sollten so lange wie möglich betrieben werden. Die zusätzlichen zukünftigen Nettozahlungen bei Weiterbetrieb können im vorliegenden Beispiel die Reduktion des Liquidationserlöses überkompensieren.

Aufgabe 30 Investitionsprogrammentscheidungen

Das Modell von Dean (1951) dient der Bestimmung eines optimalen **Investitions- und Finanzierungsprogramms**. Das Modell geht von einem **unvollkommenen Kapitalmarkt** aus, auf dem eine begrenzte Anzahl an Finanzierungsmöglichkeiten mit unterschiedlichen Finanzierungskonditionen existiert. Zur Wahl stehen mehrere, sich gegenseitig nicht ausschließende Investitionsobjekte. Das Entscheidungsproblem besteht folglich darin, aus einer Vielzahl möglicher Investitionsobjekte und Finanzierungsalternativen die vorteilhafteste Kombination zu ermitteln.

Das Dean-Modell ist ein einfaches **Ein-Perioden-Modell**, bei dem jede Investition im Zeitpunkt $t = 0$ zu einer Auszahlung führt und in der Folgeperiode $t = 1$ eine Einzahlung generiert. Bei Finanzierungsobjekten ist dies genau umgekehrt: Diese führen per $t = 0$ zu einer Einzahlung (der Finanzierungsbetrag wird bereitgestellt) und im Zeitpunkt $t = 1$ zu einer Auszahlung (Rückzahlung und Zinszahlung). Es wird angenommen, dass alle Objekte **unabhängig** voneinander realisierbar und **beliebig teilbar** sind.

a) Die **Kapitalnachfragekurve** stellt den kumulierten Kapitalbedarf der Investitionsobjekte dar, wobei die Objekte in absteigender Reihenfolge nach ihrem internen Zinssatz sortiert werden. Es werden also zunächst solche Objekte in das Programm aufgenommen, die eine hohe Rendite versprechen. Für eine Auszahlung A_0 im Zeitpunkt $t = 0$ und eine Einzahlung E_1 im Zeitpunkt $t = 1$ erhalten wir die internen Zinssätze i^* gemäß:

$$i^* = \frac{E_1}{A_0} - 1. \tag{B.28}$$

Für unsere drei Investitionsobjekte ergeben sich damit die internen Zinssätze gemäß Tabelle B.43, womit wir in einem weiteren Schritt eine Rangfolge bilden können.

Objekt	A_0	E_1	i^*	Rang
IO1	3.000	2.360	$-21{,}33\,\%$	3
IO2	1.600	1.744	$9{,}00\,\%$	2
IO3	6.400	7.232	$13{,}00\,\%$	1

Tabelle B.43. *Interner Zinssatz und Rangfolge der Investitionsobjekte*

Nun sortieren wir die Investitionsobjekte absteigend nach ihrem Rang und berechnen den kumulierten Kapitalbedarf (vgl. Tabelle B.44).

Objekt	Rang	i^*	Kapitalbedarf	kum. Kapitalbedarf
IO3	1	$13{,}00\,\%$	6.400	6.400
IO2	2	$9{,}00\,\%$	1.600	8.000
IO1	3	$-21{,}33\,\%$	3.000	11.000

Tabelle B.44. *Interner Zinssatz und Kapitalbedarf der Investitionsobjekte*

Abb. B.8 stellt die Kapitalnachfragekurve gemäß Tabelle B.44 dar.

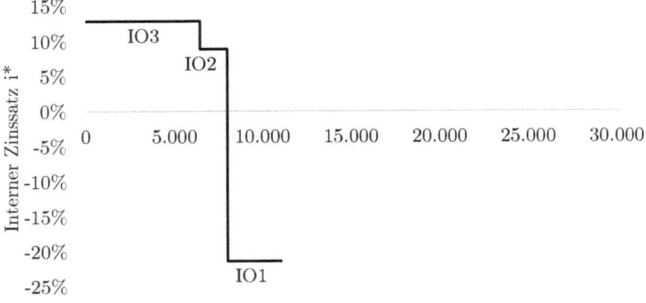

Abbildung B.8. *Kapitalnachfragekurve*

Zur Bestimmung der **Kapitalangebotskurve** gehen wir ähnlich vor, nur dass wir die Finanzierungsobjekte nun in aufsteigender Reihenfolge nach ihrem internen

Zinssatz (=Effektivverzinsung) sortieren. Wir nehmen also zunächst solche Objekte mit geringen Finanzierungskosten in das Programm auf. Da die Zinssätze bereits vorliegen, können wir die Objekte unmittelbar sortieren und die kumulierten Höchstbeträge der Finanzierung berechnen:

Objekt	Rang	Effektivzinssatz	Höchstbetrag	kum. Höchstbetrag
FO1	1	5,0 %	4.000	4.000
FO3	2	7,0 %	5.500	9.500
FO2	3	14,0 %	20.000	29.500

Tabelle B.45. *Zinssätze und Höchstbeträge der Finanzierungsobjekte*

Mit der obigen Tabelle können wir die Kapitalangebotskurve skizzieren, die ebenfalls einen stufenförmigen Verlauf aufweist. Maximal stehen uns Finanzierungsmöglichkeiten in einem Umfang von 29.500 GE zur Verfügung.

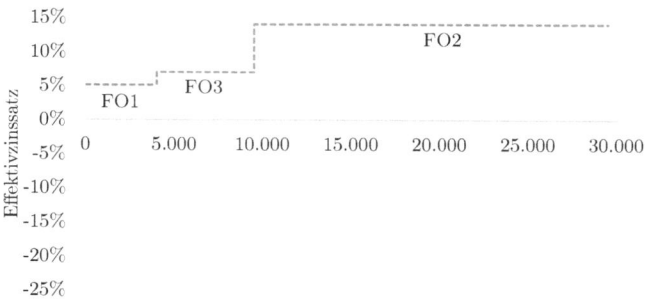

Abbildung B.9. *Kapitalangebotskurve*

Legen wir nun die Kapitalnachfrage- und die Kapitalangebotskurve übereinander, können wir das **optimale Investitions- und Finanzierungsprogramm** ermitteln. Dazu werden solange Objekte in das Programm aufgenommen, bis die Effektivverzinsung des letzten Finanzierungsobjektes die interne Verzinsung des letzten Investitionsobjekts übersteigt. Ab diesem Punkt lohnt sich eine weitere Aufnahme von Investitions- bzw. Finanzierungsobjekten in das Programm nicht mehr. Grafisch entspricht dieser Punkt dem Schnittpunkt von Kapitalnachfrage- und Kapitalangebotskurve.

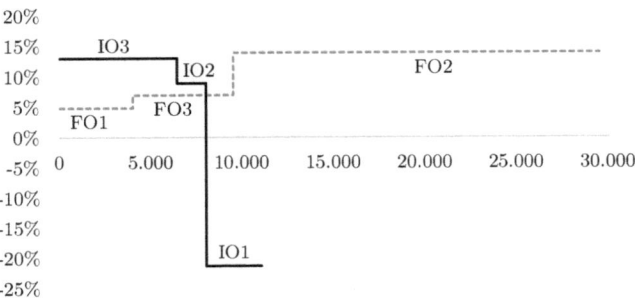

Abbildung B.10. *Optimales Investitions- und Finanzierungsprogramm*

Abbildung B.10 stellt die grafische Ableitung des optimalen Investitions- und Finanzierungsprogramms für unsere Aufgabenstellung dar. Die Investitionsobjekte IO3 und IO2 werden vollständig in das Programm aufgenommen und durch FO1 sowie FO3 finanziert. Der Kapitalbedarf beträgt insgesamt 8.000 GE, von denen 4.000 GE durch FO1 und weitere 4.000 GE durch FO3 bereitgestellt werden (der Höchstbetrag von FO3 wird somit nicht vollständig ausgeschöpft). Die Investition IO1 lohnt sich nicht mehr, da dessen interne Verzinsung negativ ist und damit deutlich unter den Finanzierungskosten von FO3 liegt.

b) Der **endogene Grenzzinssatz** (auch „Cut-off-Rate" genannt) entspricht dem Zinssatz, der sich beim Schnittpunkt der Kapitalnachfrage- und Kapitalangebotskurve ergibt. Dieser Zinssatz beträgt hier 7 %. Der endogene Grenzzinssatz determiniert die Aufnahme der Investitionsobjekte in das Programm: Es werden nur solche Objekte aufgenommen, deren interner Zinssatz oberhalb dieses Grenzzinssatzes liegt.

c) Die Praxisrelevanz des Modells ist als **eingeschränkt** zu bewerten. Insbesondere die Annahme, dass es keine Interdependenzen zwischen den Investitions- und Finanzierungsmöglichkeiten gibt und die Objekte somit vollkommen unabhängig voneinander realisierbar sind, erscheint wenig realistisch. So werden in der Praxis Darlehen typischerweise an einen bestimmten Verwendungszweck gebunden und sind damit nicht losgelöst von den zu finanzierenden Investitionsobjekten. Zudem dient das Investitionsobjekt dem Kapitalgeber oftmals als Sicherheit, was ebenfalls der unterstellten Unabhängigkeit widerspricht. Problematisch ist auch die Limitierung auf **Einperioden-Projekte**, denn in der Realität haben Investitionen langfristige Auswirkungen, die eine Periode übersteigen. Schließlich ist die Annahme einer beliebigen Teilbarkeit der Investitionsobjekte im Regelfall in der Realität nicht erfüllt, wobei sich diese Annahme durch leichte Modifikation des Modells einfach aufheben lässt.

Um den genannten Problemen zu begegnen, wurde das Modell in der Wissenschaft durch Methoden der **linearen Programmierung** weiterentwickelt. In der Praxis kommen solche komplexen Verfahren allerdings eher selten zum Einsatz. Hier bedient man sich im Regelfall folgender Näherungslösung: Man berechnet einen durchschnittlichen (gewichteten) Kapitalkostensatz aus allen Finanzierungsobjekten (oftmals auch als „weighted average cost of capital" oder „WACC" bezeichnet). Übertragen auf das Dean-Modell erhält man damit eine waagerechte Kapitalangebotskurve. Nun werden bis zum möglichen Höchstbetrag der Finanzierung solche Investitionsobjekte in das Programm aufgenommen, deren Renditen diese durchschnittlichen Kapitalkosten übersteigen.

Kapitel C

Probeklausuren mit Lösungen

Die folgenden Probeklausuren sind für eine Dauer von 30 Minuten (= 30 Punkte) konzipiert.

Probeklausur 1   (30 Punkte)

Aufgabe 1 (10 Punkte)

a) Berechnen Sie den Barwert einer ewigen Rente mit jährlichen Zahlungen von 200 EUR bei einem Zinssatz von 5 %! Gehen Sie dabei davon aus, dass die Zahlungen jährlich mit einer Rate von 2 % wachsen.

b) Ein Kredit über 10.000 EUR soll über einen Zeitraum von zwei Jahren durch zwei gleiche Raten (Zinsen und Tilgung) jeweils am Jahresende vollständig bedient werden. Der Zinssatz beträgt 5 %.

Berechnen Sie die jährlichen Zahlungen sowie die jeweilige Höhe der Zins- und Tilgungsleistung in den Jahren!

Aufgabe 2 (20 Punkte)

Gegeben sind die folgenden Zahlungsreihen zweier Investitionsobjekte A und B:

	0	1	2
Objekt A	−100	20	110
Objekt B	−100	100	20

Gehen Sie davon aus, es existiere ein vollkommener Kapitalmarkt, auf dem zu einem Zinssatz von 10 % p. a. beliebige Kapitalanlagen und -aufnahmen getätigt werden können.

a) Untersuchen Sie die absolute und relative Vorteilhaftigkeit beider Investitionen auf Basis des Kapitalwertkriteriums!

b) Die internen Zinssätze der Projekte betragen:

- Objekt A: 15,36 %
- Objekt B: 17,08 %

Vergleichen Sie die Vorteilhaftigkeitsentscheidung nach dem Kriterium des internen Zinssatzes mit der des Kapitalwerts (Aufgabe a) und erläutern Sie, warum die Ergebnisse bezüglich der Vorteilhaftigkeit bei Kapitalwertmethode und Interner-Zinssatz-Methode voneinander abweichen!

c) Zeigen Sie, dass das Kriterium des internen Zinssatzes bei Gültigkeit der Wiederanlageprämisse der Internen-Zinssatz-Methode zur richtigen Investitionsentscheidung führt!

(Hinweis: Berechnen Sie das Endvermögen des Investors für jedes Objekt zum Zeitpunkt $t = 2$ unter der Wiederanlageprämisse.)

Lösungen zur Probeklausur 1

Aufgabe	Lösung
1a	6.666,67 EUR
1b	5.378,05 EUR (jährliche Annuität)
	Zinsen Jahr 1: 500,00 EUR; Tilgung Jahr 1: 4.878,05 EUR
	Zinsen Jahr 2: 256,10 EUR; Tilgung Jahr 2: 5.121,95 EUR
2a	$KW_0^A = 9{,}09$
	$KW_0^B = 7{,}44$
2b	Wiederanlageprämissen der Verfahren sind unterschiedlich:
	Kapitalwertmethode unterstellt Reinvestition frei werdender Mittel
	zum Kalkulationszinssatz;
	Methode des internen Zinssatzes unterstellt Reinvestition
	zum jeweiligen internen Zinssatz
2c	Endvermögen für Objekt A: 133,07
	Endvermögen für Objekt B: 137,08
	Objekt B liefert bei gleichem Kapitaleinsatz das höhere Endvermögen

Probeklausur 2   (30 Punkte)

Aufgabe 1 (15 Punkte)

a) Welchen Betrag müssen Sie heute bei einem Zinssatz von 4 % anlegen, wenn Sie in zehn Jahren über einen Betrag in Höhe von 10.000 EUR verfügen wollen?

b) Ein Unternehmer hat einen Kreditvertrag über eine Höhe von 650.000 EUR mit einer Laufzeit von einem Jahr abgeschlossen. Die Rückzahlung in einem Jahr inkl. Zinsen beträgt 679.250 EUR. Mit welchem Zinssatz wird der Kredit verzinst?

c) Sie erwägen die Anschaffung eines gebrauchten PKWs, der zu einem Kaufpreis von 9.800 EUR angeboten wird. Der Händler bietet Ihnen als Alternative zur sofortigen Kaufpreiszahlung eine Ratenzahlung an, bei der zunächst eine Anzahlung in Höhe von 2.000 EUR fällig ist. Darüber hinaus hätten Sie über die nächsten fünf Jahre jeweils am Jahresende eine Jahresrate von 1.800 EUR zu zahlen. Ist diese Finanzierung vorteilhaft, wenn der Kalkulationszinssatz auf einem vollkommenen Kapitalmarkt 5 % beträgt? (Begründen Sie Ihre Antwort!)

Aufgabe 2 (15 Punkte)

Eine Anleihe, die während der Laufzeit keine Zinsen zahlt, wird auch als Zerobond (Nullkuponanleihe) bezeichnet. Betrachtet wird ein solcher (risikoloser) Zerobond mit einem Nominalwert (=Rückzahlungsbetrag) von 100 GE und einer Restlaufzeit von sechs Jahren. Das Zinsniveau am Kapitalmarkt beträgt 3 % (einheitlich für alle Laufzeiten).

a) Berechnen Sie den Marktwert des Zerobonds!

b) Wie hoch ist der interne Zinssatz, wenn der Zerobond zu dem in Aufgabe a) berechneten Wert gekauft wird?

c) Kann die realisierte Rendite des Investors bei einem Zerobond vom internen Zinssatz abweichen?

Lösungen zur Probeklausur 2

Aufgabe	Lösung
1a	6.755,64 EUR
1b	4,5 %
1c	Finanzierung ist vorteilhaft!
	(der Barwert der Zahlungen beträgt 9.793,06 EUR)
2a	83,75 GE
2b	3 % (Kalkulationszinssatz!)
2c	Keine Abweichung zwischen internem Zinssatz und
	realisierter Rendite, da zwischenzeitlich keine Zahlungen
	frei werden, die reinvestiert werden können.

Kapitel D

Formelsammlung

Statische Verfahren der Investitionsrechnung

Gesamtkosten K:
$$K = K_{fix} + x \cdot k_{var} \tag{D.1}$$

Abschreibungen AfA:
$$AfA = \frac{A_0 - L_n}{n} \tag{D.2}$$

Kalkulatorische Zinsen Z:
$$Z = i \cdot DgK \tag{D.3}$$

Durchschnittlich gebundenes Kapital DgK:
$$DgK = \frac{A_0 + L_n}{2} \tag{D.4}$$

Gewinn G:
$$G = x \cdot p - (K_{fix} + x \cdot k_{var}) \tag{D.5}$$

Rendite:
$$\text{Rendite} = \frac{G + Z}{DgK} \tag{D.6}$$

Amortisationszeit:
$$\text{Amortisationszeit} = \frac{A_0}{G + Z + AfA} \tag{D.7}$$

Finanzmathematik

Endkapital K_n:
$$K_n = K_0 \cdot (1 + i)^n \tag{D.8}$$

Anfangskapital K_0:
$$K_0 = K_n \cdot (1 + i)^{-n} \tag{D.9}$$

Zinssatz i:
$$i = \sqrt[n]{\frac{K_n}{K_0}} - 1 \tag{D.10}$$

Laufzeit n:
$$n = \frac{\ln K_n - \ln K_0}{\ln(1+i)} \tag{D.11}$$

Rentenbarwert R_0 einer nachschüssigen Rente:
$$R_0 = r \cdot \frac{(1+i)^n - 1}{(1+i)^n \cdot i} \tag{D.12}$$

Rentenrate r einer nachschüssigen Rente:
$$r = R_0 \cdot \frac{(1+i)^n \cdot i}{(1+i)^n - 1} \tag{D.13}$$

Rentenbarwert einer vorschüssigen Rente $R_0^{\text{vorschüssig}}$:
$$R_0^{\text{vorschüssig}} = R_0^{\text{nachschüssig}} \cdot (1+i) \tag{D.14}$$

Rentenbarwert R_0 einer ewigen Rente:
$$R_0 = \frac{r}{i} \tag{D.15}$$

Rentenbarwert R_0 einer ewigen Rente bei konstanter Wachstumsrate g:
$$R_0 = \frac{r}{i - g} \tag{D.16}$$

Rentenrate r einer ewigen Rente:
$$r = R_0 \cdot i \tag{D.17}$$

Dynamische Verfahren der Investitionsrechnung

Kapitalwert KW_0:
$$KW_0 = \sum_{t=0}^{n} (E_t - A_t) \cdot (1+i)^{-t} \tag{D.18}$$

Ansatz zur Ermittlung des internen Zinssatzes i^*:
$$KW_0 = \sum_{t=0}^{n} (E_t - A_t) \cdot (1+i^*)^{-t} \overset{!}{=} 0 \tag{D.19}$$

Literaturverzeichnis

[1] Bieg, Hartmut; Kußmaul, Heinz; Waschbusch, Gerd (2023): *Investition*. 4. Aufl., München 2023.

[2] Franke, Günter; Hax, Herbert (2009): *Finanzwirtschaft des Unternehmens und Kapitalmarkt*. 6. Aufl., Berlin Heidelberg 2009.

[3] Götze, Uwe (2014): *Investitionsrechnung: Modelle und Analysen zur Beurteilung von Investitionsvorhaben*. 7. Aufl., Berlin Heidelberg 2014.

[4] Kruschwitz, Lutz (2019): *Investitionsrechnung*. 15. Aufl., München 2019.

[5] Olfert, Klaus (2019): *Investition: Kompendium der praktischen Betriebswirtschaft*. 14. Aufl., Herne 2019.

[6] Perridon, Louis; Steiner, Manfred; Rathgeber, Andreas (2022): *Finanzwirtschaft der Unternehmung*. 18. Aufl., München 2022.